勿使前辈之遗珍失于我手

勿使国术之精神止于我身

武當葉氏太極拳

叶绍东　何基洪　蔡光復——著

北京科学技术出版社

图书在版编目（CIP）数据

武当叶氏太极拳 / 叶绍东, 何基洪, 蔡光復著. — 北京：北京科学技术出版社，2019.11

（拳道薪传丛书）

ISBN 978-7-5714-0388-1

Ⅰ. ①武… Ⅱ. ①叶… ②何… ③蔡… Ⅲ. ①太极拳－基本知识 Ⅳ. ①G852.11

中国版本图书馆CIP数据核字(2019)第137343号

武当叶氏太极拳

作　　者： 叶绍东 何基洪 蔡光復
策划编辑： 王跃平
责任编辑： 苑博洋
责任校对： 贾　荣
责任印制： 张　良
封面设计： 何　瑛
版式设计： 何　瑛
出 版 人： 曾庆宇
出版发行： 北京科学技术出版社
社　　址： 北京西直门南大街 16 号
邮政编码： 100035
电话传真： 0086-10-66135495（总编室）
0086-10-66113227（发行部） 0086-10-66161952（发行部传真）
电子信箱： bjkj@bjkjpress.com
网　　址： www.bkydw.cn
经　　销： 新华书店
印　　刷： 北京宝隆世纪印刷有限公司
开　　本： 710mm × 1000mm　1/16
字　　数： 253 千字
印　　张： 18
版　　次： 2019 年 11 月第 1 版
印　　次： 2019 年 11 月第 1 次印刷
ISBN 978-7-5714-0388-1 / G·2924

定　　价：128.00 元

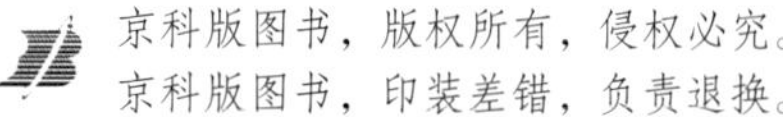

作者简介

叶绍东 (1949 —)

籍贯浙江省温州市文成县公阳乡人。

叶大密之子。曾任安徽省淮南市朝阳医院理疗医师、安徽省二级武术师、安徽省淮南市武术协会委员、淮南市一级社会体育指导员，现在上海三爱中医门诊部从事太极养生和推拿指导工作。任上海武当太极拳社（筹）社长。

自十岁起，在父亲悉心指导下习武，对武当对剑、太极拳剑及博采众家之长的叶家拳，体悟深刻，积累丰富。武当对剑，深得抽、带、提、格、击、刺、点、崩、搅、压、劈、截、洗十三字真髓，风格大气沉稳。所继承的叶家拳，将杨式拳架的主要特点，八卦掌中斜开掌转身法及武当对剑中的转臂捷用法等融为一体，风格沉着冷静，轻松活泼，舒展大方。融会贯通的丰富学养，平和超越的人生境界，强化和提升了对传统武术的理解和传承。医道业绩显著。业余时间长期设培训站教习拳剑，获得社会广泛赞誉。学生和弟子遍布安徽、上海、浙江等地区的各行各业，可谓桃李满天下。

何基洪 (1933—)

曾任上海救护车厂技术科长，上海客车厂科研室副主任，上海阿曼特汽车制造有限公司总工程师、高级工程师。曾兼任上海市科协咨询服务中心应用科技分中心咨询委员，海宁客车厂、上海杨浦客车厂、上海南市客车厂、上海华生汽车窗厂技术顾问，嘉兴市菲利普车业有限责任公司高级顾问工程师，技术总监等职。在上海及全国汽车行业有很高的知名度。

1960年，随叶大密先生高足丁然清先生学习武当叶氏太极拳。次年，同时又随吴式名家裴祖英先生学习太极拳推手。1966年，经好友介绍，随其同事的父亲徐炳生先生学习田兆麟杨式大架及推手。徐老先生早年请田兆麟先生至家中教拳，由于学习优良，曾被田老师誉为“田门五虎将”之一。他同时又擅长内家气功，因此，在太极拳的意气运用上，有独特的心得，他可以把手掌放在脑卒中偏瘫患者的头顶上，使患者蜷曲的手掌自己打开。徐老生平从未收过徒弟，也不在公开场合教拳，何先生有缘受他十余年无私指导，实为学习太极拳过程中重要的转折点。

1973 年，何先生有幸认识叶大密先生的另一位高足金仁霖先生。金先生是一位研究太极拳理论的名家，可以说是满腹经纶，经过他的指导，何先生对太极拳理论的理解得到进一步提高。

何先生在习练太极拳经历中，交好的拳友有蔡松芳、王壮弘先生和徐毓歧师兄，三人都是当代的后起之秀，通过经常和他们练习推手，切磋拳艺，得益匪浅。

何先生的太极拳架轻灵安静，外形秀丽端庄，其中内气雄浑，推手时以神气为主导、骨肉为辅助。为人性格开朗，处世平和，主张不耻下问，学无止境。不论年龄老少，辈分高低，只要有特长均可去讨教。

从 20 世纪 70 年代中期至今，何先生一直在上海襄阳公园义务教授太极拳，学生遍及中国、新加坡、美国、澳大利亚等地。1980 年，将武当叶氏太极拳传到了浙江嘉兴，并由其首徒蔡光復发扬光大。

发表的论文有《太极拳和太极推手绌议》《太极拳推手训练纲要》《再论行工走架的体会》《论太极拳走架中的自转和公转》《论命意源头在腰隙》《怎样练习武当叶氏太极拳》《听劲》《拎腰和凸命门之辨》等。

2018 年，何老师与弟子们在嘉兴

蔡光復（蔡光圻）（1952—）

浙江嘉兴人。浙江大学药学院毕业，浙江中医学院结业，新加坡国立大学 EMBA。任浙江大学卓越导师、嘉兴学院客座教授，药学专业高级职称，中国武术八段，中国孔子基金会文化大使。获得嘉兴市优秀社会主义建设者称号；嘉兴市第一、二、三届医药行业协会会长，浙江省医药行业协会副会长，嘉兴市第一、二、三届武术协会主席（会长），浙江省武术协会副会长，嘉兴市第五届政协委员，嘉兴市第六、七、八届人大代表，南湖区第七、八、九届人大代表，中国无极气功（澳门）保健研究会荣誉会长，中国气功科学（澳门）研究会荣誉会长。获得嘉兴市群众体育先进个人、浙江省社会武术工作先进个人等荣誉称号。

曾拜江南武术名家周荣江老先生习练少林门派（船拳系列），拜回族查拳名师李尊恭先生习练查拳系列，拜太极名师马振宗老先生习练太极拳和养生气功，拜何基洪老师习练武当叶氏太极拳，拜蔡松芳老师习练无极桩。

发表了《太极运气功》《延缓衰老的养生方法》《太极拳增进促

进健康的原理与机制探讨》《延缓衰老的养生功法及其在临床上的运用》《论太极拳“劲”》《加强人体内的气化作用是健身养身的重要关键》《论太极拳与健康》等多篇武术论文。

蔡先生是中国首批希望工程志愿者。数十年来，一直热心从事社会公益，带领员工们连续15年资助一千多名贫困大学生，连续25年资助二代聋哑人、贫困学生和家庭等。

出版的武术专著有：

《武当叶氏太极拳研究》（汉语大词典出版社）

《武当叶氏太极拳研究》（修订本）（上海辞书出版社）

《光復讲太极》（上海辞书出版社）

《太极拳启蒙》（上海书店出版社）

引言

《武当叶氏太极拳》一书终于要付梓面世了。本书在我前几年编著出版的《武当叶氏太极拳研究》基础上进行了增删，弥补了缺憾。这是光復欣慰之所在。

《武当叶氏太极拳》的成书过程说来话长。光復在向何基洪老师学拳过程中，得知太极名家叶大密老先生计划出版的手稿在“文革”时期被焚毁殆尽，在无比震惊之余，觉得这对太极拳来言实为憾事，更是中华武术精髓传承的一大损失。2000 年，在中国武林泰斗蔡龙云老师，叶大密老师的徒弟金仁霖、蔡松芳，亚洲武术联合会主席霍震寰师兄和恩师何基洪老师的鼎力支持下，我动笔编写《武当叶氏太极拳研究》一书，历时五年，于 2005 年 1 月由汉语大词典出版社出版。其后，又补充完善了部分内容，2008 年 7 月由上海辞书出版社出版《武当叶氏太极拳研究》（修订版）。此书是我对太极拳认识的心路历程总结，可谓“一层付出，一层收获；一层功夫，一层理解；一层境界，一层感悟”。当时写这本书的初衷，一是为了完成叶老先生一生的心愿；二是感恩老师的栽培；三是和大家分享自己练太极拳的体会。

在编写过程中，让我尤为感恩的是金琳太师母为了鼓励我写好《武当叶氏太极拳》，送给我她老人家经历“文革”后，唯一能保存到现在、极其珍贵的叶大密和金琳太师母定亲时叶大密送给她的一把扇面和一个花瓶！扇面上有孙禄堂和郑曼青题词作画。金琳太师母亲笔给我题词，嘱咐我要努力传承并弘扬武当叶氏太极拳。

现在回头来看当年《武当叶氏太极拳研究》一书，深感浅薄，一是因这些年的不断追求，对太极深层次精神内涵有了进一步领悟，深刻理

解了“功夫在拳外”的精妙寓意；二是通过对中国传统文化的学习，更进一步领悟太极文化在中华文明中的重要地位和作用，也更加体会到太极拳在中华传统武术中的核心地位和价值；三是在几十年的太极推广普及、教学、交流等活动中，又有了自己更多的理解、参悟、心得和经验。

在第三次动意再版编著《武当叶氏太极拳研究》时，金琳太师母、叶绍东先生和众多师兄弟们建议删去原书名中“研究”二字，就此定名《武当叶氏太极拳》。

本书由光復邀请武当叶氏太极拳创始人叶大密之子叶绍东以及何基洪老师共同编著，较为系统地展示了武当叶氏太极拳的全貌。正文包括七个章节：第一章“柔克斋太极传心录”，光復根据史料综述武当叶氏太极拳创始人叶大密传奇的一生，呈现叶公一生深研太极拳的心血结晶；第二章“武当叶氏太极拳拳架”和第六章“拳术传薪录”，是何基洪老师的武当叶氏太极拳拳架动作和何基洪老师毕生学练武当叶氏太极拳的心得体会；第三章“武当对剑”为叶绍东夫妇对武当对剑的演练和说明；第四章“武当太极刀”是光復的武当太极刀演练和说明；第五章“武当叶氏太极拳内功”和第七章“太极拳学习之道”则是光復自身对包括无极桩在内的太极内功的认识，以及如何正确修习太极拳术的一些体会；书后收录了太极大家和武术泰斗的题词以及珍贵的影像照片。

当今正逢党和政府大力弘扬中华传统文化之大势，由叶绍东先生、何基洪老师和光復共同将叶老先生对武当叶氏太极拳研究的心得体会、经验、感悟整理出版，旨在继往开来，回报师恩，惠及后人。这也是吾辈的一种责任。

唯愿这本新编《武当叶氏太极拳》一书，能抛砖引玉，争鸣天下。光復深知太极博大精深，中华武林不乏诸多高师，欢迎太极师友们不吝赐教。

蔡光復

2019 元旦于灯下走笔

序一

自 2005 年 1 月蔡光復先生编著的《武当叶氏太极拳研究》一书出版后，金仁霖带蔡光復先生到我家来，自此便认识了光復先生。光復先生是一个勤奋的企业家，也是一个非常热爱中国传统文化和中国武术的行家，更是一位积极的慈善家。在和光復先生相识的十多年时间里，光復一直都是按一个学生和晚辈的姿态，尽的是后辈的礼仪和礼数：逢年过节便会专程来探望或邀请我去他家做客；诸如此般，十多年如一日，所以在我心中，一直把光復当作我的子女看待！

我 1924 年 4 月出生于浙江省温州市文成县公阳乡。自幼生活在上海，1936 年由上海到老家温州公阳乡陶冶中心小学读书，毕业后留校教低年级学生。1942 年重新回到上海，1945 年与叶大密结婚。1946 年，跟叶大密学习中医导引科、推拿、太极拳、行功、吐纳等，学完结业。1958 年，经黄浦区卫生局批准成立黄浦区推拿门诊部，我与叶大密一起参加推拿门诊部工作，直至 1979 年退休，退休后本单位继续聘用十年。

在这个世界上，我是一个普通得不能再普通的老人，年至耄耋，蜗居斗室，在儿孙的陪伴中安度晚年，生活清贫，却身体康健，怡然自得。

自小我不懂拳，也不会拳，因嫁给了我先生叶大密而与太极结缘至今。大密一生酷爱中国传统武术，谓之痴迷也不为过。与大密相伴数十

年，风风雨雨，喜怒哀乐，或门庭熙攘若集市，或家门冷落可罗雀，多与太极拳有关，各种喜悦悲凉唯自知。

从前，先生在家中教拳，我经常在一边看着那些男男女女各式各样的人跟着学拳，只是觉得有趣。某日，有女学生乘坐黄包车来家中学拳，说是路上黄包车夫见她一年轻女子身着旗袍似家境颇好，下车时意欲多收车钱，因强索不成在路边拉扯起来。当时，女学生并未出手，只微动身形，那壮实的黄包车夫便踉跄着跌到马路对面，令路人大吃一惊。类似小事俯拾皆是，至今忆起仍令人忍俊不禁。久之，耳濡目染，太极拳在我眼中不再只是拳架、器械或推手。太极拳追求的那份中和、温柔、敦厚，处处讲究与人为善的境界，正是我们在生活中应该遵循的基本原则。

将叶家拳和自己对太极拳的认识体会整理出版惠及后人，一直是大密先生的愿望，惜后逢动乱，书稿被毁，终未如愿，是为憾事。蔡光復先生习练叶家拳三十多年，他2005年整理编著的《武当叶氏太极拳研究》一书，为叶家拳保留了一份可供后人学习研究的资料。

《武当叶氏太极拳研究》问世十三年，机缘成熟，现正式编写《武当叶氏太极拳》一书。此时，光復诚邀叶绍东、何基洪二位参加联手出版，并且将自己排名放在末位，可见其胸怀之大、情意之真。《武当叶氏太极拳》的出版正逢祖国弘扬中国传统文化之大势，说明太极拳被越来越多朋友所喜爱，也说明叶家拳别具魅力，正在为越来越多的太极拳爱好者所关注。也完成了大密先生的遗愿，大密先生若知，当欣慰。

金琳

2018 春节于上海梅兰坊

祝贺《武当叶氏太极拳》一书出版

金琳

己亥春时年96岁

叶大密夫人金琳

从左至右分别为蔡光復、金琳、美国教授赫伯特·克里斯

叶门全家福（2019 年 4 月 24 日摄于上海）

照片人物介绍：
前排中间叶大密夫人金琳（现年九十六岁），金琳左手：何基洪，李锦堂，王鸿义
金琳右手：蔡光復，李志荣，张克强，叶绍东
第二排从右至左：江澜，沈学斌，姚庆，唐才良，董约武，仲齐云，张志明，雷加浩，王雅芬，王顶琴

序二

2005 年，蔡光復先生编著的《武当叶氏太极拳研究》一书出版，引起武术界人士的关注。武当叶氏太极拳是原上海“武当太极拳社”社长叶大密老师在杨氏大架太极拳基础上创立的，既继承了杨氏太极拳的精髓，又在此基础上加入了李景林传授的武当对剑的精华及自己新的理解和心得，为广大太极拳习练者所喜爱。

光復先生编写的这本书，是武当叶氏太极拳公开推向社会的第一本书籍，在 2008 年再版时，我曾为他题词。

蔡光復先生是蔡松芳老师的弟子，而我亦得到蔡老师在站桩方面悉心指导，可算是蔡松芳老师门下的同门。

蔡松芳老师是叶大密老师无极桩的嫡传弟子。时代在发展，蔡松芳老师被公认是武功、品德兼备的太极奇才，他打破门派偏狭和国界的界限，是向社会大众公开推广无极桩第一人，把好功夫毫无保留地传授给各方人士，使无极桩从武术家的庭院走向社会民间。无极桩既是太极武功的根基，又是保健养生的良方，它的价值从此被全社会广泛地重视和关注，造福无数人。

蔡光復先生 1980 年经马振宗老先生推荐，随上海何基洪先生学习武当叶氏太极拳，至今已近四十年，在太极拳术上颇有成就，并著书立说。有《武当叶氏太极拳研究》《光復讲太极》《太极拳启蒙》等著作，

为太极拳事业做出了贡献。

蔡光復先生现为浙江省武术协会副会长，中国武术八段高位；同时，他还是一位杰出的企业家和优秀的慈善家，虽事务繁多，仍不忘致力于传播太极拳文化。

今为弘扬中国传统文化，光復先生会同叶大密先生之子叶绍东先生、太极名家何基洪先生共同出版《武当叶氏太极拳》一书，增添新的内容，问序于余，余虽忙于事业及公职，然犹乐而为之写序。

戊戌春 香港

蔡光復与霍震寰先生

霍震寰，中国武术名誉九段。多年来参与武术国际方面推广不遗余力，是现届香港武术联会会长，亚洲武术联合会主席，国际武术联合会主席，国际武术联合会执行委员会委员。现任中国民间商会副会长，香港霍英东集团行政总裁；第十一届全国人大代表，第十届全国工商联副主席，中华海外联谊会副会长，香港中华总商会永远荣誉会长，香港培华教育基金会主席。2017 年 12 月，当选香港特别行政区第十三届全国人大代表。

序三

武道传薪逾百年 改革创新奏华章

蔡光復先生和其师何基洪先生及叶公大密先生之公子叶绍东先生合作完成了《武当叶氏太极拳》一书，在即将付梓之际，蔡先生邀我为该书作序。作为武术界的后辈，我本不敢提笔，然盛情难却，原因有二：一是蔡先生与我同在浙江省武协共事，因对太极拳的同好，多有交流，我也颇多受益；二是叶公大密先生系温州文成人，作为叶公同乡，我理应说几句……

说来惭愧，叶公作为中国近现代武术界之太极拳宗师，又是温州人氏，过往我却知之不多。直至三年前，我和温州市武协李志荣主席筹建温州武术博物馆时，才听他说起文成有位已故武术宗师叶大密先生，当日即寻找相关资料了解，后又专门去了文成公阳乡，深入了解叶公生平。2018 年 12 月 21 日，叶公大密先生诞辰 130 周年之际，我参加了纪念大会和“公阳乡叶大密太极文化创意院”开馆仪式，对叶公的武学思想、武术品德、习武故事和武术成就，终于有了比较全面深入的了解。

我为温州武术界有这样一位太极拳宗师而感到自豪！

温州自古武风鼎盛，人才辈出，武术文化源远流长，仅南宋一百五十年间，温州就产生了武进士 305 人，武状元 16 人。当然，他们大多以南派武功立世出名，但温州也是内家拳传习较早的地区之一，

张洪国，浙江省武术协会副会长，省武协南拳专业委员会主任，中国武术七段

明末清初黄宗羲的《王征南墓志铭》记载，“少林以拳勇名天下，然主搏于人，人亦得以乘之。有所谓内家拳以静制动，犯者应手即仆，故别少林为外家，盖起于宋之张三丰。三丰之术，百年之后，流传于陕西，而王宗为最著。温州陈洲同，从王宗授之，以教其乡人，由是流传于温州……”由此可见，温州历史上曾流传内家拳。

叶公生于武风盛行的温州，自小便习练温州内家拳法小八卦拳，30岁后又随多位武术宗师习练太极拳和武当剑等功夫。1953年，他吸收了八卦掌里的斜开掌转身法和武当对剑中的转臂捷用法等内容，以杨氏太极拳架为主架，创编形成“沉着松静，方圆相济，轻灵活泼，舒展大方”的“叶家拳”，终成一代武术宗师，为后人留下了一笔宝贵的武术遗产——杨氏叶派太极拳，温州俗称“叶氏太极拳”。

如今，其弟子门人叶绍东、何基洪、蔡光復诸先生系统整理出版《武当叶氏太极拳》，这对推广叶氏太极拳必将起到重要的促进作用，对广大武术爱好者，特别是太极拳习练者来说，实在是一大喜事和福音。

我以为，武术除了武德和明理外，重在传承和发展。对于传统武术，对前人的武学，不仅要系统传承，而且要科学发展和创新。习近平总书记说过，“惟改革者进，惟创新者强，惟改革创新者胜。”叶公之所以有“叶氏太极拳”传世，也是基于他的改革、发展和创新，他的师父杨澄甫、田兆麟、孙禄堂、李景林及义结金兰的孙存周诸师，均为武术宗师，但叶公能把他们的技术融会贯通，研究改革，发展创新，形成独具风格的叶氏太极拳，也正是他的发展和创新精神。

斯人虽逝，武道长存。中华文化源远流长，愿尚武精神代代相传。

张胜国

戊戌冬 温州

序四

《武当叶氏太极拳》是一本系统介绍武当叶氏太极拳的著作，具有较高的学术水平和重要的应用价值，极富实练研修意义，为中华太极拳文化的推广和普及做出了积极贡献。

太极拳是中国传统文化的载体，是一代代文武兼修的太极大家，深研细究，身体力行，呕心沥血传承下来的文化瑰宝。从《武当叶氏太极拳》，能见一斑。

蔡光復先生作为武当叶氏太极拳的传承人之一，精心编撰汇集资料，并把学拳经历与体会悉数道来，其中满怀对师尊的赤诚以报，对太极的执着追求，对传统文化的传承责任，对社会的积极奉献。情怀至此，令人感动。

我是在 2003 年蔡龙云老师来杭州时，经蔡龙云老师介绍认识蔡光復的。光復先生毕业于浙江大学药学院，是新加坡国立大学硕士，目前任浙江省武术协会副会长。

阅读其书稿，深受学术共索、教学相长的启示。光復先生谦虚正直，他以“精益求精钻研拳技，广阔胸襟博采众长，乐善好施勇担责任，尊师重道立德修身”的精神赋予了新时代武德“慈、勇、仁、智、恒”的新诠释，在“立德树人”成为高校教育中心环节的今天，有着深刻的启迪意义。

愿更多国人读到这本《武当叶氏太极拳》，从而了解太极拳，热爱太极拳，强身健体，颐养性情。

戊戌年 夏

2016 年，蔡光復和林小美夫妇在浙江桐乡

林小美，1962 年生，温州鹿城人。

浙江大学教授、博导，国际级武术裁判，武术段位八段，曾任浙大体育学系主任等职；兼任中国武术协会科研委员会委员，浙江省武术协会裁判委员会主任，浙江省高校武术协会副主席，浙江体育科学学会武术专业委员会主任等；曾获浙江省工人运动会武术比赛 6 项全能冠军，全国工人运动会武术比赛一等奖 2 项；曾担任第 29 届奥运会武术比赛裁判长，第 14、16、17 届亚运会武术比赛裁判长，担任第 6、7、9、11 届世界武术锦标赛裁判长，第 6、7、8 届 亚洲武术锦标赛等重大赛事裁判长，担任第 7、8、9、10、11、12 届全运会武术比赛裁判 长、副总裁等。

序五

太极薪火相传，弦歌不绝。

欣闻何、叶、蔡三先生合著的《武当叶氏太极拳》付梓，心中不胜雀跃，太极书林又将再添力作，普惠天下太极学人。所以何老师甫邀作序，便欣然应允，借以为太极拳之传承光大作鼓与呼。

何基洪老师是一个德高望重的太极拳老前辈。记得初识何老师是在30年前，那时我初习太极拳不久，师叔郭大栋先生带我去襄阳公园拜会并认识了何基洪老师与蔡松芳老师。后来因为居家很近，所以几乎每周休息日都会去向何老师请教。何老师也是毫不保守地将他对太极拳的所学与所悟相授，使我获益良多。

在与何老师近三十年的太极情谊中，最让我感佩的是他对太极拳孜孜以求、兼容并蓄的那份热忱与钻研。他师从多位老师，又都能取其精华并融会贯通，这种不落门户，追求真知的精神实在是太极“圆融”奥义的一个真实注脚。

而更为难能可贵的是，何老师虽然早已是一位蜚声海内外的著名太极拳家，但在太极拳的习练中却依然十分谦虚。只要什么人在拳理拳法方面有特点或长处他都会认真请教。如此求真务实、虚怀若谷，实在是我辈太极学人之楷模！

本书的另一位作者蔡光復先生，记得第一次与光復兄见面是蔡松芳

老师带着香港霍震寰先生来我处喝茶谈拳，光復兄作陪同来。当时给人的第一印象是他为人极谦和，涵养甚佳，相谈数小时间对蔡、何两位先生执师礼甚严。逐渐熟识后，更发现光復兄与朋友相交也非常讲义气、够朋友。如今他已经是中国武术的八段高手，不但著有多部武学专著，而且更是广开教席，桃李丰硕。不得不说，光復兄是一位文韬武略且颇有古君子之风的武术名家。

本书的另一位作者叶绍东先生是太极宗师叶大密先生的公子。我与叶先生虽然接触得不多，但每每都能从他身上感受到一种遗传自巨匠名门特殊的卓雅气质，同时他为人又十分地谦虚认真，让人佩服。

太极拳自它创始至今的数百年间，一代又一代的太极拳家的坚守与传承，使得太极拳成为了中华文化极具特色的精髓之一。随着国人文化自觉与文化自信的逐渐觉醒，太极拳也必将迎来全新契机与发展，太极薪火相传，弦歌相承正其时也。从这个意义上来说，《武当叶氏太极拳》的出版得其机、顺其势而适其时也！

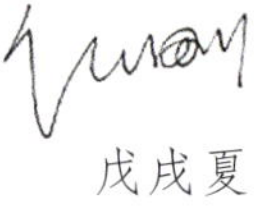

戊戌夏

2012 年，
蔡光復与任刚

任刚，1964 年生。
上海市非物质文化遗产传承人，太极拳武术家，作家，沉香香品制作技艺大师。
习练中国武术近四十年。现担任中国香道协会副会长，上海市非物质文化遗产保护协会副会长，上海交通大学海派文化研究所研究员，海派文化研究社副社长，上海市雍荷堂文化传播有限公司董事长。

序六

我和蔡光復先生因《武魂·太极》杂志结缘，虽素未谋面，却神交已久，每能从其著述的字里行间，看到他对传统文化的执着追求，对太极拳术的热爱和由学以成智仁勇的心路历程。

从本质上说，天下太极本是一家。但由于传承久远以及历代传人的才情、悟性、学识的不同，太极拳理一分殊，如月映万川，形成了不同风格的流派，各有精微巧妙不同之处。虽如此，无极而太极之理却为各家所共遵循，由此衍生而来的无极桩，堪称是修习太极拳术的普适法门。

蔡光復先生尊师重道，诗书传家，祖上曾出过状元，在学习和继承传统文化方面有得天独厚的优势；更兼自舞勺之年起就开始学习少林武艺，曾走过大江南北，万水千山，追寻中华武术的真谛。后因机缘所致，得入叶氏太极拳门下，先后拜何基洪、蔡松芳两位先生为师，系统学习拳术、推手、内功、器械诸艺，尽得真传。特别是于无极桩一道，受蔡松芳先生悉心指点，全面掌握了昔年在杨氏太极拳门中秘传的这一套桩功，且能举一反三，青出于蓝，在如何运用无极桩指点太极拳术修炼方面走出了自己的道路。

更难得的是，蔡光復先生不藏私，不保守，知无不言，言无不尽，能将自身拳术传承和心得著录成文，在《武当叶氏太极拳》一书中和盘托出，次第分明，要言不烦。相信有缘者自能从中悟出太极奥义，让拳

术功夫突飞猛进。

今闻《武当叶氏太极拳》即将付梓出版，使前辈拳艺能如薪火相传，得以发扬光大，故乐为之序。

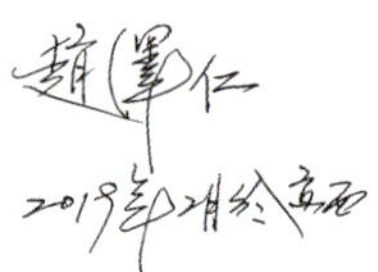

赵泽仁，中国电影集团公司艺术创作人员中心导演，印诚功法第三代，吴式太极拳以及八卦掌第六代传人。

12 岁起习摔跤、白猿通臂。1967 年，从师骆舒焕习吴式太极拳，并于 1978 年被骆恩师亲自送到王培生师爷家深造。1983 年开始教授吴式太极拳，精推手与技击，被美国、欧洲等多家武术团体聘为武术高级顾问。2016 年，应邀赴美国多个城市讲学，在精彩的拳理、拳法讲解之外，更以完全敞开的形式接受各种挑战，其精湛技艺使参与者无不为之惊叹，赢得了极高的声誉。

序七

缘分是人与人之间所产生的心灵共鸣。在编撰《叶大密史料汇编》过程中，我有幸结识了金琳师太和唐才良先生等诸多名家。他们都是弘扬武学文化的有心人，向我提供了许多叶大密先生的宝贵资料，对《叶大密史料汇编》的出版起到了很重要的作用。我们的结识就是缘分，是由叶大密文化所产生的一种心灵共鸣。

我与蔡光復先生的缘分，也源于叶大密文化。几年前，我在搜集叶大密生平资料时，就曾关注过蔡先生，拜读过他撰写的《武当叶氏太极拳研究》一书，并且写了一篇题为《一把纸扇五份情》的小文编到了《叶大密史料汇编》书里。

2018 年 12 月 21 日，蔡先生以浙江省武术协会副主席身份受邀到文成，参加“纪念叶大密先生诞辰 130 周年”系列活动。我们虽然是初次见面，但一见如故。我从会后与蔡先生的多次微信交流中得知，他对文成近年来在弘扬叶大密文化方面所取得的成就颇为赞赏，而且对今后弘扬和光大叶大密太极拳文化也有颇多独到见解。

最让我感到意外的是，当他读了我的《一把纸扇五份情》小文后，认为这是一篇能够帮助读者更好地解读孙禄堂、叶大密、金琳女士、郑曼青等人之间“情缘”的文章，欲把这篇小文收到他的新作《武当叶氏太极拳》书中作序言。

当蔡先生把这个想法告诉我后，我脑海里反复在想，这样做合不合适？这不是让我这个小人物在大众面前献丑吗？然而从大道理上考量，弘扬叶大密文化是我们义不容辞的共同责任，从个人情感来说，这是我与蔡先生在叶大密文化这个共同点上所产生的心灵共鸣，更何况《一把纸扇五份情》中还有一份是属于自己的情呢。故不揣浅陋，在正文之前加上两段话，以充作序。

一把纸扇五份情

翻开由上海辞书出版社出版的《武当叶氏太极拳研究》（蔡光復编著，修订版），发现书内有两幅扇面插图，分别是孙禄堂先生的题字及郑曼青先生的画和题字。这是一把扇的正反两个面，正面是孙先生的题字，反面是郑先生所做的画和题字。

遥想八十多年前，孙、郑两位先生在扇面上题字作画，其背后肯定有一段不平凡的历史，或存在一个不平凡的故事。跨入新世纪，金琳女士把珍藏了几十年的折扇，转赠给了蔡光復先生，其中肯定又存在一段不平凡的情缘，或又是一个新的故事。孙、叶、郑、蔡的四份扇缘，毫无疑问都与叶大密先生有密切关联。睹物思人，浮想联翩，笔者欲将这四份情解读出来，添作第五份“扇缘”。

孙禄堂先生在扇面上的题字内容是：“君子立身，务修其本。扬雄谓：诗赋小道，壮夫不为。况复溺思豪厘，沦精翰墨者也？夫潜神对弈，犹标坐隐之名！”落款：“时庚午，寓沪，大密先生法家正，孙福全。”

上文选自唐《孙过庭书谱》（现藏台湾故宫博物院）中的一段话，译文如下：“君子立身于世，务必致力于学问、人品这些根本的修炼。扬雄说：诗赋只是小道末流，有志向的大丈夫是不会去做的。为何把精力用于精微的思考或笔墨韵事之中呢？全神贯注地用意于弈棋，还冠以‘坐隐’的美名呢！”“时庚午”是孙先生在扇面上的题字时间，即民国庚午（1930 年）；“孙福全”是孙禄堂先生的名。经查，1930 年孙先生确实寓居上海。那年，他曾“以年届古稀之龄，亲自参加赈灾义演”。

有史料记载：这一年的 8 月份，长江中下游各省暴雨倾盆，绵延二十余天，兼之上游山洪暴发，酿成特大水灾，湘、鄂、赣、皖、苏各省大部分地方成为泽国，并危及上海，溺毙、饿死者，不计其数。孙先生等人的赈灾义举，得到了赈灾募捐主办单位的称赞，他获得一面“龙马精神、热忱匡助”之锦旗。

为什么孙禄堂先生要将“孙过庭”这段话，题赠给叶先生呢？首先因为孙先生的儿子孙存周与叶大密是结义兄弟，孙老在武术上曾点拨过叶先生。除此之外，可能与叶先生当时正在练习书法有关，详见《叶大密的书法梦》一文，这个时间正好与孙禄堂先生在扇面上的题字时间相吻合。这绝不会是偶然的，也许是孙先生见叶大密正在练习书法，便借用孙过庭这段话题赠给叶先生，提醒他不要因为学书法而疏远对武术“本职工作”的研究。

郑曼青有诗、书、拳、医、画“五绝老人”之称，曾从叶先生学拳，时间约有七八年。民国癸酉（1933）年，他在孙禄堂先生题过字的扇的另一面作画并题上：“大密道长雅正，癸酉，郑岳（印章）”等字。就在这一年的 12 月 16 日，孙先生在河北省顺平县北关老家无疾而终。作为孙门弟子徒孙、学生以及亲朋和各界好友，对孙老先生的去世，都曾以各种方式表示深切地哀悼。郑先生之所以在这把扇面上作画，也许与悼念孙先生的活动有关。扇面落款虽然只有“癸酉”两字，但可以推断是 1933 年，时间是在孙先生去世之前、还是去世之后？虽然仍是一个谜，但笔者倾向于后者。

蔡光復（又名光圻）先生出生于 1952 年，从小爱好武术，曾学过少林拳、查拳、太极拳，20 世纪 80 年代初，由武术名家马振宗先生介绍到上海何基洪先生那里习练杨氏叶派太极拳。三十多年来，蔡先生一直坚持太极拳锻炼，坚持事业（嘉兴医药行业巨子）与拳艺并重，并在嘉兴地区建立了一个培训机构，系统推广太极拳。同时，他还从 2000 年开始，利用业余时间将所学“叶家拳”之概要、式势、拳照等整理成《武当叶氏太极拳研究》一书出版。

蔡先生几十年来致力于推广“叶家拳”，精神可嘉，厥功甚伟。为此，叶、蔡两家建立起了良好的关系，金师太将自家珍藏八十多年的珍贵折扇赠予蔡先生，自在情理之中。

是为序。

沈学斌

于浙江文成

沈学斌，网名老沈，1962 年生，浙江文成人。
种过地，当过兵，公务员。业余爱好文史、格律诗。2014 年与若城合作出版《千年古乡公阳》专辑，2018 年出版《叶大密史料汇编》专辑。现为文成县和温州市政协文史研究员。

序八

高山仰止 恩情如海
——怀念我的父亲叶大密

父亲是一位做事很认真的人

在父亲的影响下，我从10岁起就在他的指导下练习太极拳、剑、武当对剑等套路（这在他的日记里有明确记载）。直到现在令我印象深刻的是，他对我习练武术基本功的要求非常严格。

有一次我在做压腿、踢腿等动作时不到位，他就很严肃地对我讲：“基础不打好，就像盖房子，是盖不高的。”然后亲自示范给我看，并让我按训练要求重做。以后遇见类似情况，他都是这样认真要求的。

在言传身教的熏陶下，我渐渐地自觉养成了认真的好习惯，这对我以后的人生道路和成长做事，起到了至关重要的积极作用，可以说终生受益匪浅。

父亲对我严格要求、认真指导的情形，持续到我下乡以后、他去世为止。下乡期间，我逢年过节回家探亲或休假的日子里，他依然孜孜不倦地认真督促、检查、教导我的拳技、剑技和拳理的长进。这样算来，他对我的拳技、剑技和拳理的认真教诲和指导，前后延续了约有14年之久。

由于基本功扎实，动作规范，我十二三岁时就开始在上海体育馆登台表演太极拳了，当时同台表演的还有上海著名武术家王子平、褚桂亭

等。我也从此走上了由父亲引领的习拳、练拳，传承太极文化的人生道路。

下乡以后，我在长年插队和工作的淮南地区，担任了医院理疗师、省二级武术师、安徽省淮南市武术协会委员等一系列职业的或社会的职务，为普及推广太极拳剑和太极文化，贡献了自己一份力所能及的绵薄力量；同时也在一些运动大赛中获得了较好的名次，并收获了相应的荣誉。所有这些成绩的取得，都是在父亲长年言传身教、认真做事的思想指导下结出的丰硕果实。

父亲是一位有着丰富学识的人

这主要得益于他的勤奋好学和广泛的社会阅历。父亲出生在清末，一生经历了清末、民国和新中国。他小时候在家乡求学，选择了新式学堂读书，后又考入军校，之后投笔从戎。在军队供职时，经历了辛亥革命、北伐战争等。后又与文艺界许多共产党的重要人物有交往，积极参加抗日救亡的爱国活动；同时也结识了许多武术界泰斗级名士高人，尤其是田兆麟、杨少侯、杨澄甫、李景林、孙禄堂父子等名家。

父亲出生在浙江文成。历史上文成不仅出了大名鼎鼎的刘伯温，还出过不少武将，受家乡尚武文化的熏陶，父亲小时候曾练习过小八卦等武术，他在与这些众多的良师益友交往中，获得了他们谆谆教诲、画龙点睛般的指导，犹如醍醐灌顶，加上他本人对太极文化的痴迷和钻研，太极拳剑的技艺日渐长进，渐渐脱颖而出，声名在外。

1926 年，父亲在上海创办了中国第一个以太极拳命名的体育社团——武当太极拳社。次年，拳社中开设武林大家李景林先生传授的武当对剑课程。1928 年，父亲师从杨少侯、杨澄甫兄弟学习杨式太极拳架、剑、刀及杆子，成为杨家太极拳重要的传人，并最终创建了自己的叶氏太极拳。这是兼收并蓄，博采众长，抛开门户之见，虚心向前辈学习的结果。 1949 年，父亲又将拳理和太极文化知识扩展到了中医疗伤与养生领域，潜心深入地对其进行了研究，创编了“医疗行功太极十三势”，开辟了太极拳在新时代发展的一个方向。这些都有力彰显了父亲丰富的学识底蕴。

父亲是一位慈祥仁爱的人

1969年，我去安徽下乡插队，父亲没能亲自送我去车站，但他却在日记里详细记载了那天他目送我跨出家门与家人道别，然后开欢送会、戴上大红花、坐上火车一路前行到达安徽知青点的全部过程和时间节点……殷殷之情溢于字里行间。见字如面，父爱如山！父亲慈祥、仁爱的面容与身影，至今仍浮现在我眼前，是我挥之不去的永恒感动！然而，我却无能再给予回报……

因为要传承和弘扬中华传统武术文化及叶氏太极拳，在社会各界达人鼎力协助下，出版这本《武当叶氏太极拳》，我写下了以上这些文字，用以表达我对父亲的思念之情。写到这里我又情不自禁想起一个细节：就在我准备插队下乡的时候，父亲把一个常年外出使用的大旅行包——一个深蓝色略有破损的帆布包——交到我手上，深情地说："拿去用吧，带上它……"我当时热泪盈眶，这包虽然普通得不起眼，却曾经陪着父亲走南闯北，以武会友；曾经陪着他去北京与田汉等好友相聚；曾经……这是见证他友谊、智慧、辛劳的吉祥物，他留给我的不只是一个包，而是他思想和精神的寄托，是对传承传统的嘱咐和对未来的期盼。今天，我可以告慰父亲：几十年来，我在您引领的太极拳道路上没有辜负您的期望，努力前行并有所收获，我将继续为传承和光大中华传统文化与武当叶氏太极拳而竭尽全力，终身不懈。

叶绍东

戊戌年夏

叶大密先生与夫人金琳女士、儿子叶绍东、女儿叶红午合影

金琳女士与儿孙全家福

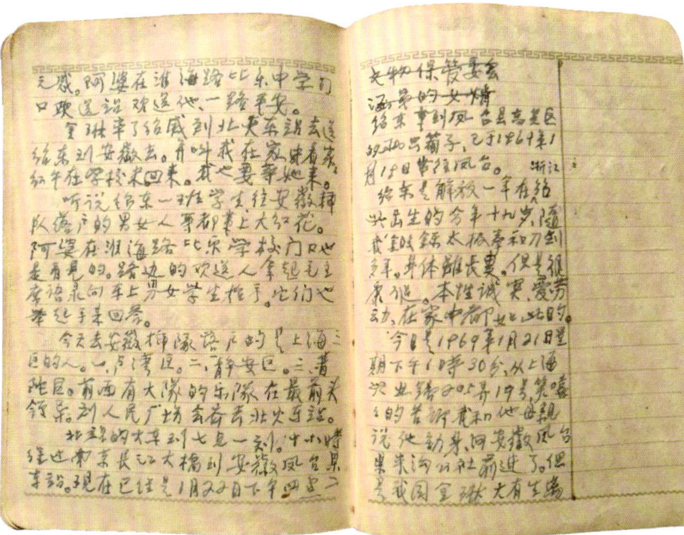

天感。阿婆在淮海路比乐中学门
口欢送强强欢送他，一路平安。
　全琳来了络威到北火车站去送
络东到安徽去。开叫我在家里看着
外甥在学校未回来。我也要等她来。
　听说络东一班学生往安徽插
队落户的男女人都戴上大红花。
阿婆在淮海路比乐学校门口也
是看见的。路边的欢送人拿起毛主
席语录向车上男女学生挥手。他们也
举起手来回答。
　今天去安徽插队落户的是上海三
区的人。一、卢湾区。二、静安区。三、普
陀区。前面有大队的乐队在最前头
领乐。到人民广场去奔赴北火车站。
　北站的火车到七点一刻。廿小时
经过南京长江大桥到安徽凤台县
车站。现在已经是1月22日下午四点二

~~文物保管委员会~~
~~海婴的女婿~~
络东拿到凤台县[illegible]区
的[illegible]箱子，已于1969年1
月19日带往凤台。　浙江
　络东是解放一年在绍
兴出生的今年十九岁。随
我练太极拳和刀剑
多年。身体[illegible]。但是很
聪明。本性诚实、爱劳
动，在家中都如此的。
　今日是1969年1月21日星
期下午1时30分，从上海
火车站205号19号笑嘻
嘻的告诉我和他母亲
说他动身，向安徽凤台
县去向社前进了。但
是我同全班大有生离

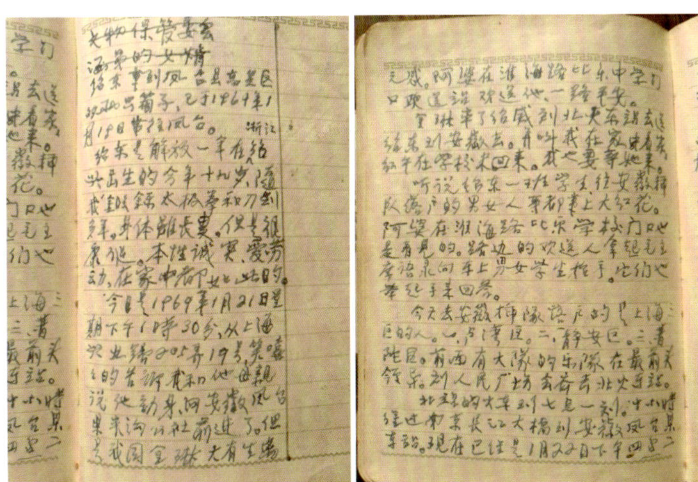

叶大密日记片段

目录

第一章

柔克斋太极传心录

武当叶氏太极拳创始人叶大密传记

叶大密先生

叶大密先生（1888—1973），汉族，浙江省文成县公阳人。谱名叶兆麟，名寿彭，又名大密，字祖羲，号伯龄、柔克斋主，紫华山人。我国近代太极传承名家，中医推拿名家，武当叶氏太极拳宗师，集儒释道于一身之大家。叶先生热爱祖国，早年为图救国毅然投笔从军，曾在北伐战争、抗日战争中，为国家和人民做过贡献；退出军政界以后，又把毕生精力投入到武学、医学的教学、实践和理论研究中去，为弘扬我国传统武学文化培养了许多传人，尤其在气功导引治疗疾病的实践和研究方面独树一帜。以“强种救国，御侮图存”之责任，一生拳医济天下。

主要成就：

创办中国第一家以太极拳命名的武当太极拳社；创编 92 式武当叶氏太极拳架；是运用国学武术与婆罗门瑜伽功，为患者实施中医推拿治疗疾病临床实践和理论研究者之一。著有《柔克斋太极传心录》《太极拳轻重浮沉解》《太极短语荟萃》《医疗保健太极拳十三式》《杨家太极拳精义论》《谈谈我的推手体会》《论太极拳秘诀》。

叶大密先生出生于浙江温州文成峃口镇一户名门望族，也是当地的中医世家。叶大密的先祖叶仁捷，官为南唐国殿前都押衙副将（相当于御林军副统领），叶大密的外公是大峃镇龙川人，家里拥有良田千亩，开有“同春”商铺，历代诗书传家，同样也是当地世族大家。祖父叶瑞萱为监生；父亲叶彦士为贡生，曾任浙江省咨议员；都是当地著名中医师。

叶大密先生从小耳濡目染接受家传中医知识熏陶，也跟本地武师短时间练过南拳、温州小八卦。从军以后又坚持练武和自修医学，未曾辍断，这为他后来走上拳医济世道路奠定了坚实的基础。特别是在武术上，曾师从杨家田兆麟、杨少侯、杨澄甫，孙家孙存周、孙禄堂和武当剑传人李景林等六位超一流武术家学艺。他后来成名的“叶家拳”——叶氏

文成县峃口镇叶大密先生故居

太极拳，就是将来自于孙式太极拳的内劲，杨式太极拳的套路技术，李景林武当剑的运用方法，融会贯通，形成“沉着松静，轻灵活泼，舒展大方，自成一格”的武学风格。

1895—1900 年，在家乡公阳陶冶小学读书。

1901—1904 年，在族人创办的私塾和外公赵朝圭创办的文成县龙川锡类祠塾学校读书。

1905—1907 年，在瑞安县普通学堂读中学。

1907 年下半年，考入江北陆军学堂辎重科（炮兵）。

1909 年 6 月，获陆军部颁发的毕业证书，在江北陆军辖区某部队任职。

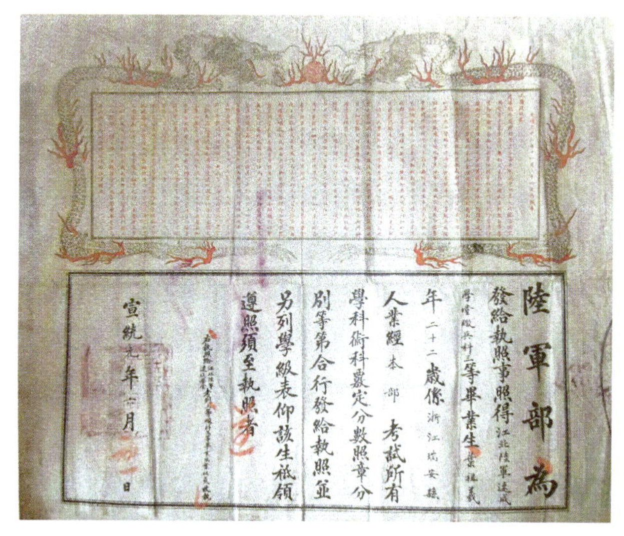

陸軍部為
發給執照事照得江北陸軍速成
三等畢業生葉祖義
年二十二歲係浙江瑞安縣
人業經本部考試所有
學科術科覈定分數照章分
別等第合行發給執照並
另列學級表仰該生祗領
遵照須至執照者
宣統元年六月 日

清宣统元年，陆军部所颁步兵学堂毕业证书

1911 年 10 月，武昌暴动后，叶大密因陈巇宸、马叙伦等相邀返回浙江，在杭州笕桥浙军八十一标任职，参加光复浙江。11 月 4 日浙江光复，宣布独立，汤寿潜任都督，不久，派朱瑞为浙军支队司令官，率八十一标、八十二标一营等部队组成的官兵 3000 多人，与沪军和钮永建率领的松江新军合力进攻南京。叶大密随部队参加。12 月 2 日光复南京。次年 5 月，他随大部队撤回浙江，任八十一标军事教官。（查沈书稿）

孙禄堂先生的墨宝赠叶大密先生

1912年，叶大密回家探亲，听说公阳、九溪两地为山场再次发生纠纷后，心情非常沉重，总想自己应该为这件事做点什么，但一时又想不出应该怎么做才好，只好把这件事记挂在心上。

1917年，田兆麟受前清内阁中书、浙江省公立工业专门学校校长许炳堃邀请到杭州教拳。当时在浙二师第八团任参谋的叶大密成为田兆麟的学员。同期学员还有黄元秀、郑佐平、夏衍、林镜平、阮季侯、常书鸿等十余人。田还将杨家太极拳谱赠给了叶大密（由吴根深手抄）。两人亦师亦友，这种关系一直保持到田兆麟去世。

1918年，孙存周到杭州军中教拳后，叶大密又从孙存周学拳。两人因志趣相投结为金兰之交。相交四十余年。因经常相互切磋技艺，后来又得到孙存周之父孙禄堂老先生的言传身教，武术技艺大进。

1924年，夏超任浙江省长，叶大密由某团参谋长升任省督军府秘书。

1926年夏，夏超决定响应北伐，以组建“武当太极拳社”为掩护，搜集军阀、苏浙皖赣沪五省联军总司令孙传芳的军事情报。在执行任务途中，叶大密为安全起见，特地绕道文成家乡，在经过公阳、峃口的必经之道时书写下“‘永安岩’祖羲叶大密题 1926年5月”等字样，请石匠刻于“半岭岩屋”亭内侧的石壁上，以提醒村民以血的历史教训为戒，从今往后不要再发生山场纠纷事件。叶大密到沪后，一边建立特务情报网络，一边紧锣密鼓地操办拳社手续。

是年 11 月 11 日，武当太极拳社在教育局立案、教育部备案后，在上海法租界望志路（现在的兴业路）南永吉里 19 号寓所宣告成立，教授杨氏太极拳、剑和推手。这是中国历史上第一家以太极拳命名、专业性很强的武术团体。结义金兰孙存周亲临拳社为义兄叶大密助威压阵。

1927 年 8 月，叶大密正式退出军政界，专心从事武学医学的教学和研究工作。

1927 年 11 月，拜武当剑仙李景林系统学习武当太极剑。李景林来上海后，叶大密约陈微明和助教陈志进同去祁齐路（现在的岳阳路）李家，学习武当对剑。后来“武当”和“致柔”两拳社都增加了教授武当对剑的课程。并写有《记奇遇李景林将军》一文以示纪念。

叶大密的武当对剑成就较大，“举步如涉水，运气如游云”（李景林对叶大密拳艺的评语）。他自己也认为他的太极拳成就完全是从剑里悟出来的。

1928 年 3 月，中央国术研究馆成立，叶大密被聘为董事会董事。

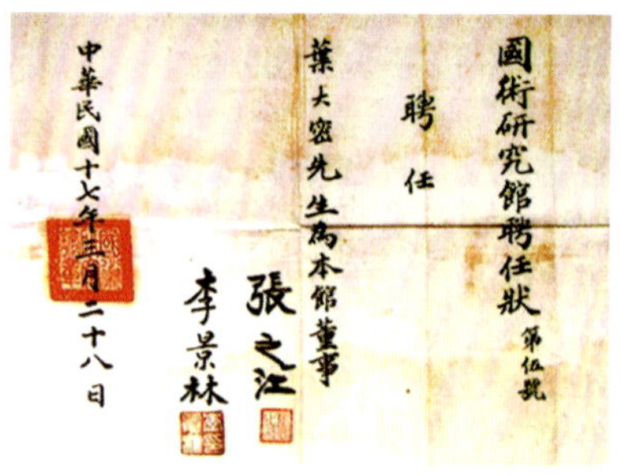

國術研究館聘任狀 第伍號

聘任

葉大密先生為本館董事

張之江

李景林

中華民國十七年三月二十八日

叶大密被聘为董事会董事的聘书

叶大密先生剑照

是年秋天，上海《申报》和《新闻报》组织募集夜校助学基金推介活动，邀请叶大密与他的学生濮冰如，在上海兰心大戏院（现在的上海艺术剧院）义演武当对剑舞。剑招随着音乐节奏翩翩起舞，犹如古代战场上捉对厮杀的将帅，杀得难分难解；又如排练已久的武打戏，演得淋漓尽致，让人大饱眼福。服装是叶大密设计，由上海鸿祥服装公司赶制出来。表演时有“古琴社”的古琴和孙裕德“国乐团”的琴箫伴奏，曲子名叫《落叶舞秋风》，当晚的兰心大戏院真是座无虚席，盛况空前，演出极为成功。次日的《士林西报》也以很大的篇幅报道了演出盛况，给予了极高的评价。曾任过上海市国乐团团长、历任上海民族乐团第一副团长、中国音乐家民族委员会委员等职务的孙裕德谈起：“叶大密、濮冰如与我是数十年相交的好友，两人的武当剑练得太好了，外形优美，武者气势表演得淋漓尽致，使人心旷神怡。最难得一见的是叶先师和濮老师表演的武当散剑，事先无定式，随势而变，随着琵琶音乐节奏对练。他俩把李景林传的武当对剑练得炉火纯青，在武术界可谓首屈一指。”

是年，10 月 15 ~ 19 日，叶大密以中央国术研究馆董事身份，参加组织第一次在南京举办的国术考试活动。

是年，杨少侯、杨澄甫先后到南京，叶大密又从少侯、澄甫兄弟学习拳架、剑、刀和杆子。同时期，他还得到清末民初蜚声海内外的著名武学大家孙禄堂的指点。

在叶大密向杨澄甫学习时，武汇川和褚桂亭等人也随杨澄甫在南京，由于中央国术馆安排不下，杨澄甫就托叶大密带武汇川、褚桂亭和武的学生张玉来上海谋生。三人都住在叶家，武、褚两人先在“武当太极拳社”授课，后由叶大密分别介绍到几家公馆教拳。

叶大密在沪社会关系深厚，人情练达，又具有殷实的经济条件，他自然能处理好与各位名家的关系。杨澄甫老师的弟子匡克明系成衣店老板，1929 年冬天，叶大密支付 200 大洋，事先瞒着杨澄甫老师，请匡克明给杨老师量身定做了一件狐开皮大衣，挂在匡克明的店里，叶大密邀请杨澄甫逛街，进了匡克明的成衣店，佯装请杨老师试衣。其实，以

杨老师的身材，一般的成衣店是挑选不出合身的衣服，没想到一穿上这件狐开皮大衣后，既合身，又保暖。叶大密同匡克明等在一旁赞不绝口，劝说杨老师顺理成章地穿上这件衣服。之后叶大密顺水推舟，邀杨澄甫去亨得利表行，又花了 80 大洋，挑选了一块英纳格怀表赠予杨老师。杨澄甫感念叶大密极尽弟子尊师之道、用心之专，特地到武当太极拳社传授了“靠壁运气，自在无碍，在胸口画作一个横的无形无象的连环形”的训练法。

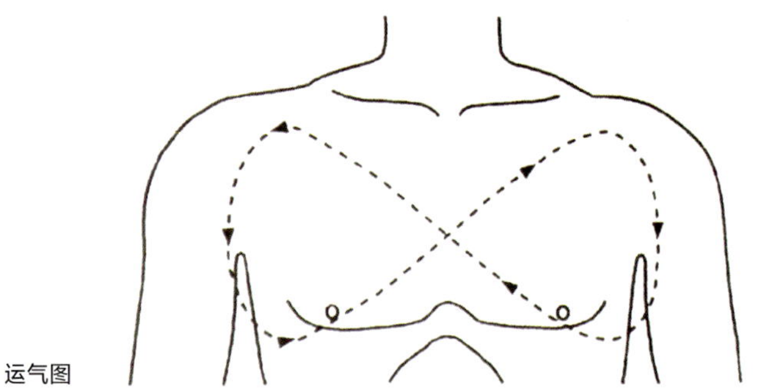

运气图

1929 年 6 月 6 日 ~ 10 月 10 日，浙江省第一届博览会在杭州西湖举办，李景林、叶大密等 66 位武术界大亨参加，并合影留念。9 月 8 日在杭州西湖补行“浙江国术馆成立典礼”上，叶先生应邀表演武当散剑。

是年 11 月 16 ~ 27 日，在杭州西湖通江桥旧巡抚衙门举行的“国术游艺会”上，叶大密与陈微明、田兆麟、孙存周、武汇川、褚桂亭等 37 人一起同时被推选为国术监察委员会委员。嗣后，屡为“中央国术馆”聘为国考评判。

1930 年 3 月 2 日成立“中国左翼作家联盟”（简称“左联”），当时左联有好多人在叶大密的拳社里学拳，其中就有田汉、阳翰笙等人。

1931 年 10 月 20 日，由上海市国术馆发起、多家武术团体参与的“国术同志抗日救国会”成立，叶大密被推选为执行委员。

1932 年，得赠杨澄甫签名照一帧。

杨澄甫签名照

1932 年，叶大密参与成立艺华影片公司，出任创作部主任。到 1935 年，协助田汉、阳翰笙、夏衍、苏怡、舒绣文等文艺界共产党人，先后拍摄出多部宣传抗日救国的影片，如《民族生存》《肉搏》《中国海的怒潮》和《烈焰》等，有力配合了当时的民族抗日宣传活动，在社会上获得了良好声誉。

1933 年 10 月，在南京举行第二届国术国考（仅举行两届，后并入全运会），来自全国 20 个省市（单位）的 429 名选手参加了国考，叶大密任评判委员会委员。

1933 年 11 月 12 日上午，国民党特务捣毁并焚烧了艺华影业公司在康瑙脱路（现在的康定路）金司徒庙附近新建的摄影棚，田汉、阳翰笙、廖沫沙等同志只好暂时撤离，留下党外人士卜万苍、岳枫、胡涂等人继续拍摄《逃亡》《生之哀歌》《黄金时代》等几部尚未完成的影片。由叶大密出面，租赁了一间房子，借给岳枫、胡涂等人和田汉、阳翰笙等同志会晤。这条“暗线”一直保持到这几部电影全部拍成。期间叶大

田汉（国歌词作者）与叶大密

密还协助田汉等一批进步艺术家，编写拍摄了许多进步电影，还亲自参与了有关“武当剑”的拍摄工作。

1935 年 10 月中旬，在上海江湾体育场举办中华民国第六届全运会上，叶大密任摔跤组评判（1930 ~ 1935 年，中华民国第四、五、六届全运会，叶大密均任评判委员会委员）。是年，被中华体育会聘为第二届讲习会国术理论教员。

1936 年，《国术统一月刊》发起举办“国术演讲会”，6 月 30 日，邀请共产党人章乃器代表武当太极拳社发表演讲。章时任全国救国联合会领导人。

1939 年 11 月 11 日，武当太极拳社成立十三周年纪念日，重新修订、公布《武当太极拳社简章》。

1943 年，获民国政府卫生署长刘宝善签发的中医执业资格证书。

1945 年，与金琳女士结婚。

叶大密与金琳女士结婚定亲花瓶

1946年，叶大密先生与文化界名流张大千、钱瘦铁、顾青瑶、李秋君、李祖韩、周练霞、陈肃亮、叶世琴等人在上海瓯湘馆合影留念。（下图右二是叶大密）

1946年，叶大密先生与文化界名流张大千等在上海合影

1949 年以后，叶大密先生融杨氏太极拳学、李景林武当剑学、孙氏内家拳学于一炉，并参以中医养生、密宗秘法，形成了内外兼修，养练结合，严谨舒展，松柔轻灵，连贯圆活，绵绵不断，风格独特的“叶家拳”。

1950 年 3 月 12 日，上海市武术教师发起组织成立上海武术界联谊会，武当太极拳社为成员单位。

叶大密先生创办的中国首家太极拳社——武当太极拳社廿五周年（25 周年）纪念照

新中国成立前，叶大密还在上海市第二、三届运动会，上海儿童国术运动会，以及其他全国性的重大武术比赛、交流活动中，担任过国术、拳术、器械组的评判。

1951 年，加盟上海市嵩山区医务工作者协会。

1951 年 8 月 25 日，武当太极拳社参加为抗美援朝捐献体育号飞机组织表演。当天参加的武术社团有 60 多个，武术家 125 人。

1952 年 7 月，上海市中医药科技工作者和管理工作者组成并成立了“上海市中医学会”，叶大密被推选为理事会理事。

1953 年 4 月 10 日，在重庆路第二医院举行的上海武术界观摩大会上，武当太极拳社派员参加（当天参加表演的共有 183 人）表演。

叶大密先生拳照

是年，叶大密吸收了八卦掌里的斜开掌转身法以及武当对剑中的转臂捷用法等内容。

1954 年，再一次对叶家拳的招式进行了补充、完善，形成最后的定型拳，被武术界称之为“武当叶氏太极拳”。

1957 年 12 月 4 日，上海市中医学会“推拿科·学术研究组核心组”改选，选举叶大密为组长，朱春霖、王东林、戚子耀、钱福卿、吴仁康、汪春涵等六人为组员。

1958 年 3 月 16 日，与儿科专家戚子耀、一指禅推拿大师戴祖纯等发起筹建“上海市黄浦区推拿门诊部”，任副主任。

20 世纪 60 年代初期，曾应所长陈涛之聘，到湖南路“上海气功疗养所”指导气功和太极拳。

1962 年 8 月，应田汉函邀访京，为历史学家翦伯赞传授治疗哮喘、气管炎等疾病方法。

是年 9 月，被上海市中医文献研究馆聘为馆员。曾多次参加上海、华东地区中医推拿学术研讨会，并做学术报告。尤以中医结合瑜伽功，治疗患者疾病的推拿导引技术，在我国中医推拿界独领风骚，被誉为“中

医推拿第一人”，为导引推拿治疗内科疾病，开拓了一条新的广阔的道路。

1963 年 9 月 24 日，于沪著《太极拳轻重浮沉解》一文。

1964 年 1 月 20 日，著《太极短语荟萃》一文。

1965 年，时年 78 岁，编写《医疗保健太极拳十三式》。“文革”开始后，他一生为之奋斗的太极武术、中医推拿导引术等，都作为“资产阶级反动学术权威”遭受批判，基本上转入“地下工作”。

1966 年 1 月 12 日，著《“敷、盖、对、吞”四字理解和研究太极拳问题，在“久”字和“恒”字上》一文。

1966 年，“文革”开始后，因受“田汉、阳翰笙案”牵连，遭受打击、批斗、抄家，所有武学医学书籍、文稿被焚毁殆尽。

1967 年 5 月 1 日，于沪著《杨家太极拳精义论》一文。

1967 年 6 月，叶大密回忆杨澄甫授他“训练法”这段往事时，仍然感动不已，写下：“此法是先师河北永年杨澄甫老先生在沪时，来我处亲自传授，故我异常感动，特志此以纪念”的日记。

是年 6 月 12 日，著《谈谈我的推手体会》一文。

1968 年，著《论太极拳秘诀》一文。

1973 年 9 月 22 日（阴历八月二十二日），叶大密因病在上海去世，享寿 86 岁，骨灰撒入大海。他生前为推翻清王朝、参加北伐、抵抗日寇，不惜抛头颅、洒热血，为弘扬武术文化，几十年如一日，殚精竭虑，死后又将骨灰撒入大海。古人常用“一腔热血洒江湖”比喻仗剑天涯的武林侠客，引用到叶大密身上也非常贴切。他八十多年的传奇人生，不但为世人留下了一笔丰厚的武学、医学财富，也成就了他武术名家的崇高地位，被载入《中国太极拳大百科》人物目录。

通过几十年来几代弟子们的不懈努力，叶家拳种已得到了迅速发展，在国内国外得以广泛传播，很受习练者青睐，声誉鹊起，因而被称为“武当叶氏太极拳”。凡习练叶家拳者，都尊称叶大密先生为“武当叶氏太极拳开山宗师”。

叶大密谈太极拳功法及轶事

武当太极拳社简章

教育局立案 教育部备案

本社为适应目前社会之需要，改为分班制，以便个别教练，力求进步，合乎实际。

甲、太极拳剑研究班

一、定名：本社特为素爱研究太极拳剑者另设一研究班，故名曰：太极拳剑研究班。

二、宗旨：酷爱太极拳剑、有志深造、苦无蹊径可寻者，得有充分研究之机缘。

三、资格：人品高尚、性格温和、平日练习太极拳剑已略知门径者，不论男女，均可参加研究。

四、编制：分为拳术研究组，专事研究拳术；剑术研究组，专事研究剑术。每组六人，多则另编，加入一组或两组，在报名时可以自由选定。

五、时间：每日下午四时三十分至六时。拳术组星期一、三、五，剑术组星期二、四、六日。

六、科目：拳术以架子为研究基础，次为静步推手，复次为动步推

手，如意捋，最后为大捋；剑术以单剑为研究基础，次为对剑，复次为活套对剑同散击，最后为剑舞。

七、记录：每组公推记录二人，关于拳剑一切疑问，既经研究解决，随即记录，以备日后参考。

八、纳费：每期学费，加入一组者，四十元；加入两组，合缴七十元。一次缴清，中途退学概不发还。

九、期限：六个月为一学期。在第二学期以后，是否继续参加研究，悉听学者自便。

十、休假：逢年过节及各主要纪念日、本社成立日、星期日，一律休假。

十一、地址：在本社原址。如欲自成一组，改至他处亦可，但须得本社同意，并在每组每学期另加车费三十元，随同学费如数缴清。

乙、太极拳剑普通学习班

凡为疾病而练内功，或爱好运动而习国术，有以上两项目的之一者，无论男女，一经入社，均可按照最新医学与生理学，适合各种病症、各种需要、用各种不同方法分别教授，促进体力，恢复健康，并使对于拳术意义发生浓厚兴趣。

一、因为疾病而锻炼者加入养生组，为国术而锻炼者加入运动组，须在报名缴费时声明，以便编组，妇女单立一组。

二、甲种社员，每日学习一次，学费每月拾元；乙种社员，隔日学习，学习一次，学费每月六元。

三、出外教授，六人为一组，六个月为一学期，不得中途停止。须具正式聘书。除学费外，甲种社员每月每组另加车费拾元；乙种社员每月每组另加车费五元，附在学费内同时缴消。

四、学习时间：养生组上午七时至八时，运动组下午七时至八时，妇女组下午五时至六时。

五、休假日期：照本简章甲项第十条之规定。地址：在本社。

丙、太极拳剑儿童班

一般儿童，在家庭都好做不规则之运动，最易受创伤，或熏染坏习气，成为顽童，反令人生厌。而不好运动者必有疾病，又易使身体各部发育不健全，贻害终身，关系至钜。本社有鉴于斯，特设儿童班，专教以温和柔软之太极拳，以校斯弊，且利用星期日前来学习，尤为相宜。

一、每星期上午八时至九时，学习一次。学费：每月二元。地址：在本社。

二、每星期如要加多学习次数，可照本简章乙项第二条之规定，学费减半。

三、出外教授：甲种，每日上课一次，每月学、车费四十元；乙种，隔日上课一次，学、车费五元。每组人数均以六人为限，成年人不能参加，其他手续等，悉照本简章乙项第三条之规定。

四、休假：除星期日外，其他均照本简章甲项第十条之规定。

五、社址：上海法租界望志路南永吉里十九号。电话：八三九二五。

本社成立第十三周年纪念日

中华民国二十八年十一月十一日

社长叶大密重订

记奇遇李景林将军

丁卯（1927）年十一月某日，突来一不知姓名之客，持朱红色大名片访余，顾视之，原是三年前形意、八卦、太极名家老前辈孙禄堂老伯所说精通武当剑术之李芳辰（宸）将军。今得此机会，惊奇靡已。来

使遂偕余至祁齐路（今岳阳路）寓所拜见将军，一望而知是儒者风度之大将，无赳赳武夫气象。后观余练杨家太极拳剑毕，叹曰：“不失武当真意，曩日在奉直各省所见者，夹有八卦、形意，非纯粹之太极可比。”回顾左右眷属及侍从者云：“尔辈不习此拳，难得余剑之真传。”言罢，随手取剑起舞，矫若神龙，变化莫测，清灵高雅，叹为观止。当即恳求执弟子礼，果允所请，为余一生之大幸事。

时陈微明、陈志进诸友在沪办致柔拳社，约往学习，以资提倡。

查《宁波府志》及清黄宗羲《王征南墓志铭》，均未提及武当剑事，足见太极拳、武当剑早已分传：习太极拳者不习武当剑；习武当剑者不习太极拳。今余曾将拳剑两者兼而习之，一如原来不分散之面目，李老师之功也。爰作斯文，以期不忘云尔。

一、李老师武当剑系武当山第十三传陈世钧先生所授，先生皖北人，为袁世凯幕友。

二、武当剑学习法：初习对剑分五路；次活步以十三势随意对击，但须剑不见剑；最后舞剑，行气似流云，极自然之妙。师云：“配琴舞之，更有古雅之趣，不同凡俗，他剑焉能道此。”

丁卯冬紫霞山人叶大密

识于武当太极拳社

太极拳辅助行功式

一、静步（定步）——静中动

（一）无极式

平行步高站式，两臂松垂两侧，掌心向里，和拳架相同。

（二）纯阴式

平行步高站式，随身躯前荡后移势。两臂覆掌前平举，屈臂回收，两肩后开，两肘后合，两掌左右分，再前合下按，配合呼吸，拔背顶劲，和拳架相同。

（三）纯阳式

平行步高站式 随身躯前荡后移势。两臂覆掌前平举，屈臂回收，两肩后开，两肘下合，竖掌前按，配合呼吸，拔背顶劲，坐腕舒指，和拳架相同。

（四）开合不二（鹿形）

平行步中站式，屈膝。 两臂侧掌前平举，掌心相对开合呼吸，求得落位，停住。

（五）岁寒（猴形）

平行步中站式，屈膝。两手覆掌一前一后（先右前左后）向前齐胸提起，屈臂松腕，前后手虎口一条线，掌指下垂。

（六）迎春

平行步中站式，屈膝。两臂侧掌前平举，随即转臂成仰掌。

（七）万里鹏程

由平行步高站式变马步站式，坐一腿，实脚掌随转腰向身后斜角转去，虚脚颠地。两手随转腰一手反掌披额，一手仰掌后伸，手臂和虚腿平行。两眼后视虚脚踵。

（八）虎视（虎形）

由平行步高站式，收右脚进左脚，变川步中站式坐前腿，随身躯前荡后移势。两臂覆掌前平举，屈臂回收后开，两肩后开， 两肘后合，两掌左右分，再前合下按如纯阴式，随即两眼先向正前，再转腰向左前平视，胸腹开合各三次。

（九）致中和

由平行步高站式，收右脚进左脚，变川步中站式坐前腿。两臂反掌前平举，掌背相对，随腰转两手前按后沉，前覆后仰，停住，换手再停。

（十）平开式

平行步高站式，两臂覆掌左右侧平举，随沉肩垂肘，坐腕舒指，使掌心左右向，指尖斜向上，意观五心。

（十一）静岳（提手式）

由平行步高站式，收右脚进左脚，变川步中站式，坐后腿，前膝微屈，足尖翘起。两臂覆掌前平举，随转腰转膀使掌心斜斜相对，两手前长后短，沉肩垂肘，坐腕舒掌。

（十二）合太极

平行步高站式，随身躯前荡后移势。两臂覆掌前平举，屈臂回收，两肘下合转臂使掌心向胸，指尖相对，沉肩松腕。

（十三）流中留（回身俯视）

由平行步高站式，收右脚进左脚，变川步中站式，前后坐腿，倾身望踵。两臂后扬，侧掌使掌心相对，正身前视，两臂前扬，仍侧掌，再做左右倾身扬臂式，撤手还原。

（十四）连环掌

由平行步高站式，收右脚进左脚，变川步中站式，前后坐腿。两臂覆掌前平举，随腰转两手前按后採，左右交互。

二、静步——动中静

（一）分虚实

由平行步高站式，收右脚进左脚，变川步中站式，前后坐腿。两手松腕反贴腰际，转腰回头平视实腿侧后方。

（二）变阴阳（抱虎归山倒撵猴式）

由平行步高站式，收右脚进左脚，变川步中站式，前后坐腿，随腰转一手覆掌前平举，一手仰掌伸向斜后方，然后再转将使两手掌心斜斜相对，后手向胸前按出，前手向腰侧捋沉。

（三）卷书式

平行步高站式，两手交互随转腰，一手转将上穿，一手下按，成式时上手横托，下手横按，重心在托掌侧。两眼平视斜前方。

（四）回头望月（后顾无忧）

由平行步高站式变马步站式，左右坐腿。两手松腕反贴腰际，随腰转两膝连环圈。回头斜望后上空。

（五）先予后取

由平行步高站式，收右脚进左脚，变川步中站式，坐后腿。随腰转两手前仰后覆，由后膀侧向前斜上方掤伸去，坐实前腿，变双劈掌回身后坐，撒手。

（六）左顾右盼（云手式）

由平行步高站式变马步站式，左右坐腿。两手随腰转向实腿侧前斜上方穿掤去，再向后斜方切捋，左右交互。

（七）珠联式

由平行步高站式，收右脚进左脚，变川步中站式，坐前腿。随腰转两手前掤后按，变握拳拉开，左右交互进出，坐后腿同。

（八）吐故纳新（迎新送旧）

由平行步高站式，收右脚进左脚，变川步中站式，坐前腿。两臂覆掌前平举渐转臂成仰掌，俯身弯腰，屈臂扣腕转掌虚拢拳，随坐后腿势由身前往胸口，经两肋侧向身后穿去，两掌变覆，两眼由裆内后视，随即直腰正身前坐腿，两臂由左右侧向身前平合，两眼亦随之向前平视。

（九）投鞭断流

由平行步高站式，收右脚进左脚，变川步中站式，坐后腿。两手由实腿侧向身体斜后上方提拥去，两臂前仰后覆，随即转臂成侧掌，掌心相对向身正前方劈沉，重心不变。

（十）绝壁乐缘

平行步中站式，两手交互随腰转反掌上提，握拳转顺，挥劈撒手坐腿。

（十一）大海浮沉

平行步中站式，左右坐腿。两手交互随转腰，一手覆掌前平举，一手仰掌伸向斜后上方，然后再转平使两手掌心斜斜相对，后手向胸前按出，前手向腰侧捋沉。此式身形有起伏。

（十二）扫尘

由平行步中站式，收右脚进左脚，变川步中站式，坐后腿。随腰转两臂由后膀侧向前腿外侧斜前方齐胸提起，成前覆后仰掌，随含胸转臂回收，经胸前往前腿里侧斜前方齐胸送去，成前仰后覆。连续三圈，一圈小一圈，第三圈后变握拳转臂成前后皆覆。

（十三）川流不息

由平行步高站式，收右脚进左脚，变川步中站式，前后坐腿。两手随腰转前穿后採，前仰后覆。此式和珠联式相似，唯两手用掌。

（十四）拂手法

平行步中站式，两臂覆掌由前而上并举至顶，随沉肩屈臂，前臂略竖，转臂使掌心相对，再松腕横掌，使掌心向下，指尖相对，然后随腰膀松沉势转臂对挥两手，五次为一遍，第三遍后松臂撒手还原。

（十五）阴阳圈

由平行步高站式，收右脚进左脚，变川步中站式。两手松腕反贴腰际，前后坐腿，先前后后，实腿膝转到顺圈，重心沿脚掌缘转动。

（十六）并驾齐驱

由平行步高站式变小平行步，微屈膝。两手松腕反贴腰际，整体先由左至右，后由右至左转倒顺圈。

（十七）西江印月

平行步中站式，随转腰一手上掤，转臂反掌披额，挥手反掌搭背，回头望踵；同时另一手反掌披额，随即左右交互上掤披额，挥手搭背，回头望踵；数次，正身两臂覆掌前斜平举，撒手还原。

（十八）撒手而去

由平行步高站式，收右脚进左脚，变川步中站式，前后坐腿。两手前长后短，屈臂松腕横掌，使掌心向里齐胸提起，随转掌前挥，撒手还原。

（十九）十字连环手

平行步高站式，随身躯前荡后移势，两臂覆掌前平举，屈臂回收成十字形交叉，沉肩垂肘，然后左右含胸化捋，往斜前上方反挤或单按。

（二十）杞忧

由平行步高站式，收右脚进左脚，变川步中站式， 坐前腿。两手覆掌由前而上并举至顶，转臂翻掌上托，两掌成八字形。

（二十一）抖透

由平行步高站式收成小平行步，微屈膝，随松腰膀两膝向前后左右抖动，然后两肩开合抖动。

（二十二）调阴阳

由平行步高站式变马步站式，左右坐腿连环膝，随腰转两手前按后沉，前覆后仰，如拳架高探马式，练脊背劲。

三、动步——动中静

甲、直行前进

（一）左右踢脚

平行步高站式，两臂覆掌前平举，随转腰转臂成侧掌，使两手掌心向外侧，提脚捋分手，踢脚。

（二）十字腿

平行步高站式，两臂覆掌前平举，随左右转腰转臂提脚捋分手，蹬脚。

（三）提蹬式

平行步高站式，两臂覆掌前平举，随左右转腰转臂提脚捋分手，套蹬脚，着意在脚踝外侧。

（四）游龙式

由平行步高站式，收右脚进左脚，变川步中站式，坐前腿。两手掌右上左下掌心相对如捧球，屈臂提起至胸前，随腰膀转动势，翻转两手如弄球。两脚并进步或退步。

乙、斜角步前进

（一）双峰贯耳

斜上步，随身腰前坐转动之势，两掌先顺后拗，由两髋侧变握拳，

往前上方出击，虎口相对，往复三次，变掌下撒，再上步。

（二）射雁式

斜上步，随身腰前坐转动之势，两手掌心向下，由后胯前齐腰挥起，经身前绕一大团，由前胸侧往里回收，变握拳向前腿里侧斜前上空击出。此式前拳位置比拳架中弯弓射虎式为高，故名射雁。

（三）分刺

平行步高站式，两手松腕反贴腰际，一脚井步颠起，屈膝撒手，然后左右手再交叉合抱，转腰提脚，两手后分前劈，刺脚，收回斜上一步。

丙、走圆圈前进

（一）双反掌

斜川字步（雁行步）中站式，坐前腿。两臂将由前胯侧提起，由外向圈内侧齐胸反挤为拗步，再含胸里收，继续向圈外侧齐胸反挤为顺步，随进步。

（二）折叠式

斜川步中站式，坐前腿。打折叠捶变捋分手，随转臂成覆掌，两臂左右侧平举，坐腕舒指进步。

（三）一浪高一浪（滔滔不绝）

斜川字步中站式，坐前腿。两手侧掌交叉上穿，掌心斜向两侧，前臂略竖，随腰胯松沉势，两手由左右侧向身后斜下方分採去，随进步。

（四）凤凰鼓翅（连环圈）

斜川字步中站式，坐前腿。两臂覆掌左右侧平举，画倒顺圈，随进步。

（五 ）俯仰式

斜川字步中站式，坐前腿。两臂覆掌，由前胯侧齐胸提起，随腰转由外向圈内经身前往后腿外侧提肘沉臂倒捋，复往前腿里侧沉肘提臂掤按，随进步。

（六）和盘托出（盘旋不定）

斜川字步中站式，坐前腿。两臂覆掌侧平举，随转臂成仰掌，进步走圈。

丁、起伏前进

蛇身下势金鸡展翅

由平行步高站式，收右脚进左脚，变川步中站式，坐前腿。两臂覆掌前平举，回身单吊手，顺膀掌变下势，提臂起腿，两手后分前膀，伸腿蹬脚，随进步。

四、原地不动——半静半动步

（一）左右进退圈

平行步高站式，一脚斜向并步，随两手松腕反贴腰际及转腰屈膝势坐实，一脚虚颠，然后再随腰转向身前斜方或身后斜方，成凹弧形进步或退步各三次。

（二）月夜过清溪

平行步高站式，一脚斜向并步，随两手松腕反贴腰际及转腰屈膝势坐实，一脚虚颠，然后虚脚随腰转向前伸腿虚点，屈腿提收。

（三）八结合

平行步高站式，一脚斜向并步，随两手松腕反贴腰际及转腰屈膝势坐实，一脚虚颠，整体绕倒顺圈（八结合指阴阳、虚实、动静、开合）。

五、动静互用——动中静，静中动

（一）卜太极

小平行步或小川字步。两臂齐胸提起，屈臂松腕横掌，使掌心向里，两手大指相对，其余四指互相嵌合，随身腰松沉开合上下卜动。

（二）转太极

小平行步或小川字步。两臂齐胸提起，屈臂横掌，使两掌心上下相对，手指松开如捧球状，随腰转向内转圆如弄球。

（三）搓太极

小平行步或小川字步。两臂侧掌前平举，掌心相对，随左右转腰两手前后相搓。

（四）揉太极

小平行步或小川字步。两臂覆掌齐胸提起，使上手掌心盖于下手掌背上，随左右转腰两手前后相揉。

以上共五十七式。

慰苍整理

1971 年 11 月 11 日

太极拳轻重浮沉解三类十二手总称名目

1. 上手二：双轻、双沉。

2. 平手一：半轻、半重。

3. 病手九：双重、双浮；半沉半浮；偏轻偏重、偏浮偏沉；半重偏重、半轻偏轻，半沉偏沉、半浮偏浮。

太极拳轻重浮沉分三类十二手名目

甲、双轻上手，双沉上手。

乙、半轻半重平手。

丙、半沉半浮病手，偏轻偏重病手，偏浮偏沉病手；双重病手，双浮病手，半轻偏轻病手，半重偏重、半浮偏浮病手，半沉偏沉病手。

若不能穷究轻、重、浮、沉之手，即不能进太极拳真义之门。

叶大密

1963.9.24 于沪

敷：微贴敌身，听彼动静，以取先动之机。

盖：盖世无双，有威胁敌人之意，使敌如鼠见猫，不得动。

对：是敌我对峙时能取得无意之意，不放而放的妙用。

吞：气吞山河，使敌时时在我掌握之中。

大密

1964.1.20

研究太极拳问题在“久”字上

关于钻研太极拳的问题，杨澄甫老师曾对我说过：“研究太极拳能久则穷，穷则变，变则化，化则通，通则头头是道。”所以对一切事物，如要把它搞通，本来不易，真非有几十年不断的工夫不可，所谓“专家”是也。

在“久”字前头需要先有“恒”字，才能“久”字。在“恒”字前头需要有最大的决心，坚强（的）毅力。遇到困难不向它低头，则要有高山向我低头，河水向我让路的革命精神才可以。

1966 年 1 月 12 日（乙巳十二月十一日）

练太极必须分清轻、重、浮、沉四字，须知轻与沉相承，浮与重相对。

太极轻灵，如荷叶承露有倾即泻。

膝上有圈，然后能使足掌平伏贴地。

两手不知呼应，是谓半无着落。

练架子须先求其方，后求其圆；推手须先求其圆，后求其方。从此去做，始能事半功倍。练架子须逢转必沉，推手须流而能留。

练架子须三尖归一。

心动、气随、腰转，才能精、气、神合一。

尾闾如行舟之舵。

身有虚实，虚胸实腹，虚腹实胸，此身之虚实也；胸亦有虚实，左进右退，右进左退，胸之虚实也。故含胸亦有双重之病。

练劲须按部就班，层次而入：先练腰，次练脊，再练背，由腰而脊而背。平时走架专意一处，功久自能劲由脊发矣。

不丢而丢，不顶而顶，意在人先，变化倏忽，则丢而不丢，顶而不顶矣，是谓即丢即顶。然即丢即顶，全是从不丢不顶中得来。

推手之圈，以外大内小为佳，外大可以眩人耳目，乱人意志；内小方能转变灵活，集中迅速。

太极推手，能忽隐忽现，犹是初步，其后为不隐不现，最后则顺势借力而已。

发劲之专注一方，犹有范围，要不出对方中心与两肩三竖线之外，发时自身之三竖线，必须保持齐头并进，方能完整一气。

叶大密

1967.5.1 国际劳动节于沪，时年八十岁

拳论·《杨家太极拳使用法秘诀》

擎：有将重物用力徐徐举起的意思，谓之擎。双手上举如合太极，这时候，两眼向上望着，两手指尖斜着相对，两肘向外开，往上托住，同时两手拇、食、中三指向上翻三番。

引：有引进的意思。如用鱼味来吸引住猫，是使对方的来去、高低、左右、上下，处处被动，完全失去主动。

松：松是全身放松，而且要松净。将自己身上九节，节节放松，从有形有象，松成无形无象。

放：放是发劲。“收即是放，放即是收”，以收为放，以放为收；放不离收，收不离放；两相结合，不是单行。所谓“撒去满身都是手”是全身完整的放，不是一手一式的放。

敷：是用两手微贴在敌身，即所谓“轻如鸿毛”，才能听得对方动静。这是在做“彼不动，己不动，彼微动，己先动”的功夫。就是一般练其他拳术的人们所说的那样“拳打人不知”的意思。太极拳在用法上也是如此的，如用重手，已失去敷字的意义了，切记！切记！因为重手反而使敌知我，我不知人，定遭失败而无疑。

盖：有“盖世无双”的精神，使敌受极大的威胁，是以神为主，显非力服，更非力胜。但是能够使敌在我身旁如鼠见猫一样，丝毫不得动弹，即拳经上所说“神如捕鼠之猫”，是鼠被猫的神盖住而待捕。

对：对是指彼此互相对待的意思。如在敌我对峙的时候，我能在有意无意之中，接得彼劲，彼自跌出，取得不放而放的妙用。

吞：吞是吸气，不是吐气。“能呼吸然后能灵活”大有气吞山河之概，使敌时时刻刻在我控制掌握之中，不能逃脱，如鼠见猫似的。

以上所述八字，如擎、引、松、放、敷、盖、对、吞等初步释意，是根据我过去练杨家太极拳五十二年之经验、认识和体会而写成的。但是并不是说就是这样的肯定下来，一点也不变动了。假使今后能够再活上数十年，当重新写一篇比较深刻的又进了一步的文章，作为自己勉励自己的意思，所以并不采取人云亦云的态度，而是很恳切的不问是与非，把它写下来。

叶大密初稿

1968 年 1 月 7 日 时年八十有一岁

发劲如撒去沾手污泥，非松净松极，不能脆也。——郑曼青语

郑曼青先生画赠叶大密先生
系癸酉年间郑曼青先生为叶大密先生绘

练习太极拳的基本要点

一、用意放松

练习太极拳时要精神贯注，思想集中，使中枢神经系统保持一定的紧张度，引导动作屈伸开合，使处处能符合要点要求，恰到好处，没有过分或不够的地方，这就是古人所说的用意。放松是指全身肌肉，在中枢神经系统的控制下，除了维持运动速度和保持肢体位置所应有的紧张度外，尽量放松，减少不必要的能量消耗以节省体力。古人所谓“用意不用力”的不用“拙力”，就是指这多余不必要的力而言。

能用意放松，就能更好地使经络宽畅，气血流通，有利于内劲的增长和增进身体健康。

二、连绵不断

练习太极拳时一势一式，要像“长江大海”一样，一浪接一浪地连绵不断，“滔滔不绝”。成式时动作虽略有停顿而意识仍然不停，下一式紧接着上一式，在两者之间可用小圈圈来贯串衔接。所谓小圈圈，实际上就是古人所说的“往复须有折叠”的折叠。有折叠来来去去就没有断续的痕迹。这样才能达到连绵不断、一气呵成的要求，给锻炼者以十分舒适的感觉，提高了锻炼兴趣；在技击上也就能达到“运劲如抽丝”“断而复连”“断而能接”“不丢不顶”“有缝即渗”的要求。

三、周身完整

练习太极拳无论在做任何一个动作，或摆任何一个架势，都要做到周身能相随相合地完整。所谓相随就是古人所说的“一动无有不动，一静无有不静”，由脚而腿而腰，总须完整一气，“腰动脚动手动，眼光也随着而动”的上下相随；所谓相合，不仅要机体在形式上做到不同侧的肩和胯、肘和膝、手和足相向或相背地有呼应着落的所谓“外三合”，更重要的是要求意识呼吸和动作的相互配合，做到所谓意与气合，气与劲合的“内三合”。这样才能真正做到“周身一家”“无有缺陷”的完整。在技击上，也就是使对方没有空隙可乘。

四、分清虚实

练习太极拳以分清虚实为入门第一步工夫。分虚实先要从大处着手。以下肢部为例：如全身重量寄于左脚则左脚为实，右脚为虚；寄于右脚则右脚为实，左脚为虚；进步时必先转腰合膀，一脚坐实，一脚变虚而进。否则出步重滞，就不可能做到古人所说的“步随身换”“迈步如猫行”的要求。以躯干部为例：敛腹吸息时，拿上下来说是腹虚而胸实，拿前后来说是胸虚而背实；拔背呼息时，拿上下来说是胸虚而腹实，拿前后来说是背虚而腹实。以上肢部为例；如以一手前伸为虚，则另一手辅助或平衡为实，所以在技击上发劲放人，必须先在实手加意和如用刀劈物必须在刀背加力一样。这是大的方面。至于小的方面，则正像《十三势说略》所说的“一处自有一处虚实”，躯干、四肢、一手一脚以至一个指趾，无不有它的虚实存在，要在锻炼者自己悉心体会，由大而小，由面而点，逐步缩小。在技击上则可结合推手，用“实则虚之，虚则实之”的办法来对付对方，达到古人所说“因敌变化示神奇”的境界。

分清虚实，无论在练太极拳或推手，对于机体感受灵敏度和中枢神经系统反应能力的提高，是极其有效的训练，因此，它实际上也是增进机体健康的重要一面。

五、敛腹含胸

敛腹含胸是一个动作的两个方面：敛腹是在吸息时将腹壁有意识地略为收缩，使与膈肌的收缩下降配合起来；含胸是紧接着敛腹，使胸部肌肉放松，胸骨正中第三四肋间隙玉堂穴和膻中穴中间，稍微有内吸的意思。这样可使胸廓下部得到充分的扩展，有利于肺活量的增加。敛腹含胸时腹压降低，丹田向上合抱，使内气从尾闾沿脊柱往第四胸椎棘突间的身柱穴处提敛，也就是古人所说的“敛入脊骨”。

敛腹含胸一般是在动作开始或转换变化时行之，在技击上是一个走化或蓄势的动作。对初学的人来说，只能先从外形的敛腹含胸着手。结合呼吸的提敛内气，可以留在后一步来做，避免发生偏差。

六、拔背顶劲

拔背顶劲也是一个动作的两个方面：拔背是在呼息时使两侧背部的肌肉群，如棘肌、半棘肌、骶棘肌等，由下而上地依次拉伸一下，然后竖起身躯，则在脊柱第四胸椎棘突间的身柱穴处，就有往上拔起的感觉；顶劲是紧接着拔背，由头棘肌的作用，松松竖起颈项，抬头向前平看，头顶百会穴处有凌空顶起的意思。

拔背顶劲时，可使由敛腹含胸时提敛至脊骨身柱穴处的丹田内气，再从身柱穴沿督脉上升到百会，经前顶、神庭、印堂而到龈交，由舌抵上腭的作用，接通任脉承浆，再沿任脉而下，回归小腹。这时丹田落归原位，膈肌上升，恢复原来隆凸状态，腹部内压力增加，腹肌放松而有饱满舒畅的感觉。这就是古人所说的“气沉丹田”。

这里应该注意的是：气沉丹田是配合着拔背顶劲的动作，并不单独存在，是意识引导丹田内气的作用，不是用力屏住呼吸住下硬压。拔背顶劲，一般是在动作的终了或成定式时行之，在技击上是一个放劲的动作。

七、松腰收臀

太极拳以躯干带动四肢，而躯干的转动主要在于腰脊部的旋转灵活。所以古人说“腰如车轴”，又说“腰为纛”“腰为主宰”，同样说明了腰脊部的重要作用。

松腰就是要在放松腰部四周肌肉群的前提下，使两胁肋部往下松塌，而又有向前抱合的意思。所以武禹襄把它称为“护肫”。能松腰腰脊才能转动灵活，上下不相牵掣，重心降低，两脚有根而下盘稳固。收臀是在松腰的同时，有意识地使臀部稍微往里收缩，使臀部和腰背部基本保持在一个曲面上，而不向后凸出。能松腰收臀，才能使脊柱直竖，尾闾中正，起到像大纛旗和方向盘一样的指挥作用。

八、沉肩垂肘

沉肩是在放松肩关节的前提下，有意识地使上臂往下松沉，所以又称松肩。垂肘是紧接着沉肩，使肘关节保持适当的弯曲度，肘尖尺骨鹰嘴突处向下沉垂，所以又称沉肘。沉肩垂肘可以帮助拔背顶劲和坐腕伸指的形成。在技击上，肘关节保持微曲，能合乎古人所提出的“劲以曲蓄而有余”的要求，对出劲能否干脆起到十分重要的作用。

九、坐腕伸指

坐腕是当手臂前伸时，腕关节放松而大陵穴处有向下塌垂的意思，这样就能使手掌上翘，好像坐在手腕上一样，因此称它为坐腕，或称塌腕。伸指是紧接着坐腕，趁手掌上翘之势，五个手指舒松地伸展一下，使丹田中充盈的内气，能毫无阻碍地循着三阴经脉，平均地贯注到五个手指，古人所说的“形于手指”，指的就是这个意思。在技击上，坐腕伸指虽然已是放劲的最后一个动作，但是它和“沉肩垂肘”“拔背顶劲”是相互衔接、相辅相成，而不能孤立地分割开来。

十、缓慢均匀

练习太极拳要用意识引导动作，配合呼吸。所以练习时特别要注意缓慢均匀。缓慢则一式一势没有一处不可着意揣摩，没有一处能被轻易滑过，古人所谓“处处存心揆用意”的知己功夫，就是这样练的。均匀则呼吸自然，渐能逐步协调细致，达到细、长、深、足的要求，而没有喘、息、憋气的弊病。

能缓慢均匀，才能逐步做到上述种种要点的要求，符合古人对太极拳能在“动中求静”的评价，也符合古人对练太极拳者提出要“视动犹静”的高标准要求。

医疗行功式

练习法：

一、巨石沉海底

步法与肩相等大小的二之一阔，使足、膝、膀、腰、肩、头逐渐地徐徐下沉，如巨石慢慢地往下沉到海底下一样，是在“沉”字上下功夫，蹲到大腿平为止，少停再起。

二、太阳升天空

头部如早晨的太阳，从海面上逐渐地向上升起，这是很像“顶头悬”之意，在极自然而然的情况下上升。

功用：

对高血压、失眠、神经衰弱、贫血、身体虚弱等练之有效，这是简而易行、行之有效的好方法。

跌打损伤验方

河北完县孙禄堂老先生传

川大黄（醋炒）	四两	骨碎补	一两
自然铜（醋淬）	一两	乳香	一两
土鳖虫（去头尾）	一两	龟板	一两
当归	一两	没药	一两

上药研为细末，瓷瓶收藏。见血干掺，青肿烧酒调涂，努伤黄酒冲服一钱。

如法施治，神效不可殚述。

叶大密论太极拳（剑）和推手

武当叶氏太极拳，系一代太极宗师叶大密根据杨式太极拳改编而成。

叶大密先生聪慧勤奋，曾先后得到李景林、孙禄堂、杨澄甫、田兆麟等武林大家的指点，他将杨式拳架的主要特点与八卦掌中斜开掌转身法及武当对剑中的转臂捷用法等融为一体，并将所学各派太极精华融会贯通，其拳架逐渐形成一种内外兼修、松柔轻灵、舒展大方的风格，时人称之为“叶氏拳”“叶派拳”“叶家拳”。叶大密先生不但武功高深，而且博学多才，他与张大千、田汉、郑曼青等文化人士私交颇深，在不同领域相互借鉴，相互影响。

叶家拳缠绕圆转，方圆相济，外形端庄秀丽，内气雄浑，一招一式攻守兼备，技击性极强。由于叶家拳特别注重对意识的训练，强调虚实分清，周身完整一气，因此较流行的太极拳竞赛套路继承了更多的传统太极精髓，无论是强身健体，抑或自卫抗暴，其作用均别具一格。

叶家拳现由三节共九十二个动作组成，每节可自成一路，便于分阶段习练。其中第一节因可在原地习练，故有“拳打卧牛之地”之美誉。

叶家拳拳架较为复杂。以起势为例，由无极而纯阴而纯阳，且动静有致，劲路明晰。学者若能静心习练三五年，当对叶家拳的万千气象有所体会。

太极拳推手

推手为锻炼太极拳中主要部分之一，如不得劲，不能从心所欲怎么办？照我的经验说来，绝不是专以动手动脚为原则的。

归根结底，究竟如何才可以算是走上正确的大方向呢？假使方向不对头，会叫你枉费工夫吗？是的，干脆地说一句很有可能。所以不能不认真考虑这个问题，提出问题，不然的话，就不能落实了，因兹必须分析研究如下几个问题，方可得到结论。

1. 身动手不动；

2. 脚动身不动；

3. 脚暗动步不动；

4. 脚运用连环形不停地动；

5. 发劲是接劲，接劲是发劲；

6. 发劲既不是手，又不是脚；

7. 要练成非收非放的基本功；

8. 能接得彼劲，彼自跌出；

9. 靠壁运气（墙壁、板壁、门都可以），自在无碍（此法是先师河北永年杨澄甫老先生在沪时来我家亲自传授，师娘不知道，在他家是不会传我的，故我异常感激，特志此以为纪念），在胸部画成一个横的无形无象的连环形（如∞字形）；

10. 根本的基础是建立在连环式的步法上去，方能使人不知我，我独知人的好方法。

推手的妙法

1.“后其身而身先”。一般推手都是后其身而手先，因而使对方有机会可待，有机可乘。此非上法，不能操不战而胜之故。

2. “忘其身而身存“。这是忘物自然之境，置身于度外，此时已达到周身松净，使对方不知我而我独知人。是战无不胜，攻无不克，使彼跌出而无疑。

3. “其身正，不令而从；其身不正，虽令不从”。此乃特别强调锻炼时身体中正，方能发挥独特的作用。

4. 先在心，后在身。腹松，气敛入骨，神舒体静，刻刻存心。

以上的几句，是我于 1967 年 8 月 15 日下午 5 时后在复兴公园西北部地区，离批判宣语馆不远的人行道上，对丁受三学生某某已学太极拳八九年之久推手时说的。

练习太极拳和推手的几个问号?

来，不知其所始? 去，不知其所终?

有始有终乎? 无始无终乎?

推手法的应用

太极拳的推手法变化最多，我现在根据本国针灸的理论，也可以应用于推手上去。一切的真理总是一样的，今特写在下面，作为参考。

1. 随而济之，谓之补。

2. 迎而夺之，谓之泻。

3. 应用：逢虚必补，逢实必泻。

4. 平补平泻，即顺圈一圈突然变作倒圈一圈或两圈；或是从顺圈两圈突然变为倒圈一圈或两圈。所谓“变化莫测者”是也。

吴深根代抄杨健侯老先生授赠《太极拳谱》

叶祖羲印

此本于余卅岁寓杭州时从北京田绍轩老师处抄来，源自永年杨家所授之本。

叶大密志　一九六一年七月十八日于沪时年七十有四（封面）

此本系吴深根抄我，署签印章为原名（封面里页）

叶大密

十三势歌

十三总势莫轻视，命意源头在腰际，变转虚实须留意，气遍身躯不少滞（《讲义》作“痴”）静中触动动犹静，因敌变化示神奇，势势揆心须用意，得来不觉费功（《讲义》作“工”）夫，刻刻留心在腰间，腹内松净气腾然，尾闾中正神贯顶，满身轻利顶头悬，仔细留心向推求，屈伸开合听自由，入门引路须口授，功夫无息法自修，若言体用何为准，意气君来骨肉臣，详（《讲义》作“想”）推用意终何在，益寿延年不老春，歌兮歌兮百四十，字字真切义无遗，若不向此推求去，枉费功夫始（当系“贻”字之误）叹息。

打手歌

掤捋挤按须认真，上下相随人难进，

任他巨力来打我，牵动四两拨千斤，

引进落空合即出，沾连黏随不丢顶。

揽雀尾，单鞭，提手上势，白鹤亮翅，搂膝拗步，手挥琵琶势，进步搬拦捶，如封似闭，抱虎归山，揽雀尾，肘底看捶，倒撵猴，斜飞势，提手上势，白鹤亮翅，搂膝拗步，海底针，扇通背，撇身捶，进步搬拦捶，上势揽雀尾，单鞭，云手，高探马，左右刺脚，转身蹬脚，进步栽捶，翻身撇身捶，翻身起脚，披身踢脚，转身蹬脚，上步搬拦捶，如封似闭，抱虎归山，斜单鞭，野马分鬃，玉女穿梭，单鞭，云手下势，金鸡独立，倒撵猴，斜飞势，提手上势，白鹤亮翅，搂膝拗步，海底针，扇通背，上势揽雀尾，单鞭，云手，高探马，十字摆莲，搂膝指裆捶，上势揽雀尾，单鞭下势，上步七星，退步跨虎，转身摆莲，弯弓射虎，上步揽雀尾，合太极。

太极拳各势大义终

结论歌

太极长拳独一家，无穷变化洵非夸，

妙处全凭能借力，当场着意莫轻拿。

掌拳肘合（“和”字谐音之误）腕，肩腰膀膝脚，上下九节劲，言明须知晓。

约言：顺人之势，借人之力。

杨镜湖老先生曰：“轻则灵，灵则动，动则变，变则化。”

十三势名目（上）

手挥琵琶（《讲义》作“左揽雀”尾），揽雀尾（《讲义》作“右揽雀尾”），单鞭，提手上势，白鹤亮翅，搂膝拗步，手挥琵琶，搂膝拗步，进步搬拦捶，如封似闭，合太极；抱虎归山，揽雀尾，肘底看捶，倒撵猴，斜飞势，提手上势，白鹤亮翅，搂膝拗步，海底针，扇通背，翻身白蛇吐信，上步搬拦捶，上步如封似闭，单鞭，云手，高探马，左右刺脚，转身蹬脚，搂膝拗步，搂膝栽捶，翻身撇身捶，翻身二起脚，撤步打虎势，左右蹬脚，转身蹬脚，上步搬拦捶，如封似闭。

十三势名目（下）

抱虎归山，斜单鞭，野马分鬃，如封似闭，单鞭，玉女穿梭，如封似闭，单鞭，云手，单鞭，蛇身下势，金鸡独立，倒撵猴，斜飞势，提手上势，白鹤亮翅，搂膝拗步，海底针，扇通背，翻身白蛇吐信，上步搬拦捶，上步如封似闭，单鞭，云手，单鞭，高探马，十字手，转身十字脚，拗步指裆捶，上步如封似闭，单鞭，蛇身下势，上步七星，退步跨虎，翻身摆莲，弯弓射虎，上步搬拦捶，如封似闭，合太极。

太极十三剑

迓佛式，仙人指路，上步合剑式，大魁星，燕子抄水，左右拦草，小魁星，黄蜂入洞，灵猫捕鼠，蜻蜓点水，燕子入巢，右旋风，小魁星，左旋风，等鱼式，拨草寻蛇，送鸟上林，乌龙摆尾，风卷荷叶，狮子摇头，虎抱头，野马跳涧，转身勒马式，上步指南针，迎风撣尘，顺水推舟，流星赶月，天马飞跑，挑帘式，左右车轮式，燕衔泥，大鹏式，海底捞月，怀中抱月，送鸟上林，犀牛望月，射雁式，青龙探爪，凤凰双展翅，左右跨篮，射雁式，白猿献果，落花式，黄蜂入洞，白虎搅尾，鲤鱼跳龙门，乌龙搅柱，仙人指路，风扫梅花，迓佛式，抱剑归原。

慰苍按：以上抄本全文与当时浙江省警官学校铅印之《太极拳论讲义》大同小异，当系同据北京田兆麟先生所藏杨健侯老先生手赠旧抄本而来。

一九六一年七月二十八日

油印本杨澄甫《太极拳使用法》附录

前清光绪元年五月十六日(1875年乙亥6月19日)，杨兆祥先生手抄太极拳十三势名目：

揽雀尾，单鞭，提手上势，白鹤亮翅，搂膝拗步，手挥琵琶，进步搬拦捶，如封似闭，抱虎归山，揽雀尾，肘底看捶，倒撵猴，斜飞势，提手上势，白鹤亮翅，搂膝拗步，海底针，扇通背，撇身锤("捶"字误)，进步搬拦捶，上势揽雀尾，单鞭，云手，高探马，左右分脚，转身蹬脚，进步栽捶，翻身撇身捶，翻身二起脚，上步栽捶，双风贯耳，披身踢脚，转身蹬脚，斜单鞭，野马分鬃，玉女穿梭，单鞭，云手下势，金鸡独立，倒撵猴，斜飞式，提手上势，白鹤亮翅，搂膝拗步，海底针，扇通背，上步揽雀尾，单鞭，云手，高探马，十字摆莲，搂膝指裆捶，上步揽雀尾，单鞭下势，上步七星，退步跨虎，转身摆莲，弯弓射虎，上步揽雀尾，合太极。

太极剑歌

剑法从来不易传，直来直去胜由言，（此三字当作“甚幽玄”）

若仍砍伐如刀者，笑坏三丰老剑仙。

慰苍按：《太极剑歌》系将【明】吴修龄《手臂录》卷四末附之《后剑诀》七绝一首，略加修改而成。吴诗云：“剑术真传不易传，直行直用是幽元，若唯砍斫如刀法，笑煞渔阳老剑仙”。

太极粘连枪

头一枪进步刺心，二枪进一步刺腿，三枪上一步刺膀，四枪上一步刺咽喉。此进步之法。对方之退，即随他之进而后退，退而复进，相连轮转。

退一步採一枪，进一步挒一枪，进一步捺一枪，退一步搟一枪（此四枪在前四枪支内）。

慰苍按：捺一枪杨澄甫《太极拳使用法》《太极沾粘十三枪》作掷枪，董英杰《太极拳释义》作扔枪；搟一枪二本均作铲枪。

大捋约言

我捋他肘，他上步挤，我单手搧，他转身捋，我上步挤，他逃体；我一捋，他上步挤。

粘连枪与大捋是杨澄甫老师口述，由余笔录。

大密

改编河北永年县杨澄甫老师太极拳名目

1. 太极起势（无极、阴阳、左右、动静、前后、开合）2. 右揽雀尾（正）

3. 左揽雀尾（正）4. 左单鞭 5. 右斜飞式 6. 左斜飞式 7. 右提手上势 8. 左白鹤亮翅 9. 左搂膝拗步 10. 左手挥琵琶 11. 左搂膝拗步 12. 右搂膝拗步 13. 右手挥琵琶 14. 右搂膝拗步 15. 左搂膝拗步 16. 上步撇身捶 17. 进步搬拦捶 18. 如封似闭 19. 十字手 20. 左揽雀尾（斜） 21. 右左抱虎归山 22. 右揽雀尾（斜）23. 斜单鞭 24. 採、挒、肘、靠 25. 肘底捶 26. 倒撵猴 27. 退步右斜飞式 28. 左斜飞式 29. 右提手上势 30. 右白鹤亮翅 31. 左搂膝拗步 32. 右海底针 33. 右扇通背 34. 反身撇身捶 35. 上步搬拦捶 36. 右揽雀尾（斜） 37. 左揽雀尾（斜） 38. 上步左单鞭 39. 左云手 40. 左单鞭 41. 正高探马 42. 左高探马 43. 右分脚 44. 右高探马 45. 左分脚 46. 转身蹬脚 47. 左搂膝拗步 48. 右搂膝拗步 49. 进步搂膝栽捶 50. 反身白蛇吐信 51. 上步搬拦捶 52. 左削右劈 53. 右分脚 54. 左打虎式 55. 右打虎式 56. 右蹬脚 57. 双峰贯耳 58. 左蹬脚 59. 转身右蹬脚 60. 转身搬拦捶 61. 如封似闭 62. 十字手 63. 左揽雀尾（斜） 64. 右左抱虎归山 65. 右揽雀尾（斜） 66. 左单鞭 67. 右斜飞式 68. 左斜飞式 69. 野马分鬃（三） 70. 右揽雀尾（斜） 71. 左揽雀尾（斜） 72. 上步左单鞭 73. 玉女穿梭 74. 右揽雀尾（正） 75. 左揽雀尾（正） 76. 左单鞭 77. 左云手 78. 左单鞭 79. 左蛇身下势 80. 左金鸡独立 81. 右金鸡独立 82. 倒撵猴 83. 退步左斜飞势 84. 右斜飞式 85. 左提手上势 86. 左白鹤亮翅 87. 右搂膝拗步 88. 左海底针 89. 左扇通背 90. 反身撇身捶 91. 上步搬拦捶 92. 左揽雀尾（斜） 93. 右揽雀尾（斜） 94. 上步右单鞭 95. 右云手 96. 右单鞭 97. 高探马 98. 十字掌 99. 转身十字腿 100. 左指裆捶（正） 101. 右指裆捶（斜） 102. 上步左揽雀尾（正） 103. 右揽雀尾（正） 104. 右单鞭 105. 右蛇身下势 106. 上步左七星 107. 右七星 108. 退步跨虎 109. 转身伏虎 110. 转身双摆莲 111. 左射虎 112. 右射雁 113. 退步搬拦捶 114. 如封似闭 115. 合太极。

叶大密

一九五四年十一月十一日于浙江文成县

太极拳散手行功练习法

尉苍按：此套架子系叶师当时在复兴公园教授舒楚生（修泰）、陈筱春、石焕堂等人太极拳时而改编，脚步转换系采用并步靠步式。

第一套　从行功式中选出五个散手法

名称	架势	步法
一、单按	高架	正步靠步式。
二、横穿	高架	七星步靠步式。
三、双贯	高架	七星步大步不靠。
四、联珠	高架	正步中等步大小，先左脚前，直蹬前进，后右脚前，直踏前进。
五、双截	高架	正步靠步式。

第二套

名称	架势	步法
一、正劈	高架	正步靠步式：左足前，右足向左足靠实；右足前，左足向右足靠实。
二、双飞（左右斜飞）	高架	七星步靠步式：左足前，右足靠实；右足前，左足靠实。
三、斜挒	高架	正步靠步式：左足前，右足向左足靠实；右足前，左足向右足靠实。
四、直捶	高架	正步靠步式：左足前，右足向左足靠实；右足前，左足向右足靠实。
五、双射（左右射虎式）	高架	七星步靠步式：左足前，右足靠实；右足前，左足靠实。

前后散手两套，十个式子：正步六个式子，七星步四个式子。

第三套

名称	架势	步法
一、双分（原野马分鬃，左右同）	高架	七星步跟步
二、双封（原如封似闭，左右同）	高架	七星步跟步
三、双蹬（原蹬足，左右同）	高架	七星步跟步
四、双採（原采法，为採、挒、肘、靠之一，左右同）	高架	七星步跟步
五、双靠（原靠法，为採、挒、肘、靠之一，左右同）	高架	七星步跟步

附注：

1. 左手採时，右手放在左手腕处辅之；右手採时，放在左手腕处辅之。

2. 靠法同大捋时的靠。

浙江文成公阳 叶大密

1967.6.12　时年八十岁

第二章

武当叶氏太极拳拳架

武当叶氏太极拳拳架动作图解

何基洪演练
武当叶氏太极拳

本章所述，为有“拳打卧牛之地”美誉的第一节拳架的基本动作，即预备式、起势、揽雀尾、单鞭、提手上势、白鹤亮翅、搂膝拗步、手挥琵琶、左搂膝拗步、搬拦捶、如封似闭、十字手、收势。

一、预备式（无极桩）

两脚平行开立，距离同肩宽。身体自然直立，眼睛向前平视。沉肩，肩臂自然下垂，保持虚腋。两手自然松垂，手指放松，中指轻贴风市穴（裤缝连接处）。面南背北，虚领顶劲（图 2–1）。

要求

（1）“五趾齐地”，即中心在脚底，五个脚趾要轻轻地贴住地面，既不能翘又不能抓。

（2）“五心齐意”，即两脚心涌泉穴、两手心劳宫穴和头顶百会穴，均要有意贯注。

（3）“五指齐气”，两手手指要平均地有气贯到。

此“三五三齐”习练法是武当叶氏太极拳秘诀之一。

图 2-1

二、起势

1. 无极式

调整呼吸，屏心静气，全身放松，气沉至脚底涌泉穴。

2. 纯阴式

提：神气上领，两脚掌往地面撑（腿部用力），两肩往下沉，两臂顺反作用力轻轻向前向上提至与肩平，意识放在肘的阴面，两手相距同肩宽（图 2-2）。

沉：沉肩坠肘，两手臂抽回到肩前，然后坐腕合掌，手指朝天，手心朝前（图 2-3）。

开：开胯开胸，两手由肩前向前推出（不伸直），背向后拔，手臂呈圆弧（图 2-4）。

合：手掌放平，手心向下，意识将劲送至指尖，两臂间距同肩宽（图 2-5），两肘外合，两手分别由外向内画半圆弧后，合回至胸前，手指相对，手心朝地（图 2-6）。然后手背放松，手掌心往下按至两胯前，十指由相对分别往左右外转至手指朝前（图 2-7）。

图 2-2

图 2-3

图 2-4

图 2-5

图 2-6

图 2-7

3. 纯阳式

纯阳式与纯阴式近似，略有不同。

提：两脚掌往地面撑（腿部用力），两肩往下沉，两臂轻轻向前向上提至与肩平，距离同肩宽。

沉：在沉肩坠肘、两肘回抽的同时，两手抽至肩旁，手指朝天。注意先沉肩，后坠肘。

开：坐腕，含掌，手指朝天，手掌朝前，前推，背向后拔，手臂似曲非曲。然后手指由朝天向前放平，手心朝地，劲送至指尖，两臂间距同肩宽。

合：两肘外开，带动两手分别从后向前，各画半个圆弧，两手抽回至两肋旁，两肘各向外转，手心朝外向前穿插，手背相对，距离同肩宽，背向后拔，两手由分劲变为合劲。

两手手臂相靠，下沉至裆前，然后由两肘上提带动两手至胸前，两肘在两肩下沉的同时跟着下沉，两手做一个扩胸的动作，沉肩、坠肘、坐腕、含掌，两手在肩前，手指朝天，手心朝前南，气贴背，手掌前推，两臂呈圆弧形。

三、揽雀尾

1. 斜按

两手向下沉至裆前，手背相靠，身体随腰向左转45度，面向东南方，右胯向左胯咬合，右脚向左脚靠拢、并步（图2-8），然后右脚向西北方后插，右后脚跟用力撑地，呈左弓步，即右腿直、左腿曲，左膝盖与左脚小趾尖在同一垂线上。同时出两手，手指朝东南方，手臂呈圆弧，然后两手臂下沉到两胯旁（图2-9），提肘带动两手至两肩旁，坐腕、含掌，手心朝东南方按出。气贴背，整体呈合力前按（图2-10）。

2. 平捋

腰向左带动两臂缓缓转45度，两腿撑。腰部带动右肩右肘向右转动，右手臂移至右胸前，右肘下沉，右腕一转，右手手指由朝东转向朝上，手心朝前，左手随即往胸前抱进，右手向正前方推出，左右两股劲相合。面朝南（图2-11）。

3. 抱球

在右腰向左转的同时，带动右手向左前方画一圆弧后回到右肩前，手心向下，左手从胸前向外往里画一个圆至左胯旁，左脚顺势画一弧形

图 2-8　图 2-9　图 2-10　图 2-11

回到右脚边。左右手心上下相对，作双手抱球状，面朝南（图 2-12）。

4. 斜掤

出左脚，右腰向左转的同时带动右手臂运动，画一个圈，然后右手从左肩内侧抽回到胯旁，手心向下，手指上翘，手掌向西北方撑开，左手向东南方掤出（图 2-13）。

5. 撩阴掌

左手前掤不动，右手随腰向后微微一转，右肩右手顺势向前靠，面朝东南方（图 2-14）。

6. 左右捋

两手同时向上、向左转，两手手指朝东，左手低，右手高，然后手指朝南、身体向南，两臂随腰向右转动 180 度，两手手指朝西，左手在上，右手在下，手心向下。同时左脚内扣 45 度（图 2-15、图 2-16）。

7. 抱球

腰带动双手转一平圈，左手放在左胸前，右手放在左胯旁，两手呈抱球状，两臂均呈弧形。右脚抽回至左脚旁，呈丁字步，右脚尖着地，面朝西（图 2-17）。

图 2-12　图 2-13　图 2-14

图 2-15　图 2-16　图 2-17

8. 掤

右手呈抛物线掤出，同时出右脚，呈右弓步；左手手指按在右手腕脉搏处，手臂呈掤劲。眼睛平视右手指（图 2-18）。

9. 捋

左手不动，右手往回抽至右耳旁，然后左手下沉至左胯旁，手心朝上，同时右手从右耳旁向前伸，手心朝下捋（图 2-19a、图 2-19b）。

图 2-18

图 2-19a

图 2-19b

图 2-20

图 2-21

10. 挤

右手抽至胸前，手心转向上，左手放在右手腕内侧，往前挤（图 2-20）。

11. 按

两手分开，手心朝下，双臂下沉至两胯旁，提肘带动手腕至胸前，坐腕，含掌，前推。背往后拔，手与臂的劲形成对拉之势（图 2-21），然后成 45 度顺势向右下方按去。

四、单鞭

双手下沉。以腰带动双手向左画 180 度弧至左胯旁，同时以右脚跟为轴心，右脚尖往里扣 45 度。双手手心朝下（图 2-22 ～图 2-24）。

身体左转，面朝东南，左手心朝上，左手逆时针方向画圆弧到左面，然后手指朝上，手心朝右手方向，从左胸向右胸合至右肩旁。身体微微下沉，右胯咬住，收左脚，左脚跟微微离地，身体保持不动，左手下沉至右胯旁（图 2-25）。

图 2-22　图 2-23　图 2-24

转身。面由东南转向东，出左脚呈左弓步（图 2-26）。

同时，通过腰、胯的转动带动左右手各旋转 360 度，左手按，右手勾，两手臂似曲非曲，似直非直，左右手臂 90 度角呈单鞭（图 2-27）。

图 2-25　　图 2-26　　图 2-27

五、提手上势

左弓步不变，左手不动，右手前移至左手臂下，接手左右提分，重心后移，身体后坐至右脚，微微下蹲，右手上提（图 2-28）。在向右转之前，身体先微向左转 30 度，然后两手同时下沉，面转向南方。左脚尖内扣 135 度，同时转体 135 度，身体后坐，重心在左脚。左手上提，右手向前推出一掌（图 2-29）。

出右脚（半步），左手自上而下，把意气落至右脚跟（图 2-30、图 2-31）。右脚劲向上，送至右肘，同时左脚跟劲送至左肘，然后左右手同时向前合出，完成提手上势（图 2-32）。

六、白鹤亮翅

1. 抱球

左腰左胯不动，左手放在左胸前，右腰右胯带动右手臂向左转一个圆，右手抽回到左胯旁，左右手心相对，呈抱球状（图 2-33）。

2. 右掌左肘

左手不动，出右脚，右手向西南方劈掌，手心朝下（图 2-34），身体左转。

图 2-28　图 2-29　图 2-30
图 2-31　图 2-32　图 2-33　图 2-34

3. 右掤

右手臂向下画一圆弧，右掌回到原来位置，手心转而朝上。右脚内扣 90 度，右脚尖朝东南。右手臂向西南掤出，面朝西南，右手手指朝左耳旁穿过，右肘、鼻尖、左脚尖呈一条直线（图 2-35、图 2-36）。右手向前转，放在前额，左手向前推掌，左右手两股劲对拉，两手心朝东（图 2-37），呈白鹤亮翅。

图 2-35

图 2-36

图 2-37

图 2-38

图 2-39

4. 採、劈

左手乘随腰顺势向右转动之机，往右採，採到右胯后回到左胯旁，左手手心朝下，而右手往左一劈，手心朝上（图 2-38）。

5. 沉、提

右手下沉、后提，以右肩为圆心，手臂为半径，画半个圆弧。左脚逆时针画一个圆弧回到右脚旁，右胯咬住（图 2-39）。

七、搂膝拗步

1. 左搂

身体略微下沉，出左脚、左肘，呈左弓步（图 2-40）。左手搂左膝，手心朝下，放在左膝外侧。

2. 右穿插

右手手指朝前，从右耳旁向正前方穿插，右手横掌，右手心朝东（图 2-41），右手掌心有一股按的意识。此谓左搂膝拗步。

八、手挥琵琶

1. 反接手

左右手随腰转圆弧，右手回抽至裆前，手指朝前，左手从左膝外侧画一个圆弧至左膝内侧，手心朝前，手指朝下（图 2-42）。此谓反接手。

2. 手挥琵琶

两手随腰同时由里向外逆时针方向画 360 度圆至胸前挥出，左手高，右手低，重心随腰旋转。左脚收回到右脚前，左脚脚尖离地、脚跟着地，呈手挥琵琶（图 2-43）。

图 2-40　图 2-41　图 2-42　图 2-43

九、左搂膝拗步

1. 沉、提

左右手下沉，左手手心朝下置胸前，右手臂往后一肘，右手下沉，后提。左脚画一个圆弧，抽回至右脚旁（图 2-44），再出脚至原来位置。

2. 搂膝

身体略微下沉，左手从左膝内侧搂至左膝外侧旁，手心朝下，手指朝前；右手从右耳旁插向前，手心朝东，然后按出，手指朝上，右手掌心要有按的意识。重心在左脚，呈左搂膝拗步（图 2-45、图 2-46）。

图 2-44　　图 2-45　　图 2-46

十、搬拦捶

1. 正接手

以腰带动两手，左手从左膝旁向右画半个圆弧至与肩平，右手画圆弧至右胸旁，右手手心朝下，左手手心朝上。重心移至右腿，面向东（图 2-47）。

2. 搬、拦、捶

重心渐渐从右腿移至左腿，右腿蹬直呈左弓步，同时身体缓缓左转 30 度后，右转回正，面向东方。左手随腰左右被动运动，往左为搬，回右为拦，同时右手掌变立捶，趁右脚后蹬之劲出右拳呈搬拦捶。

十一、如封似闭

1. 合

左手放在右前臂下方，两手臂交叉，两手手心朝下（图 2–48）。

2. 分

手心转向朝上，随着身体重心略微后坐，两手分别向左右分开（图 2–49）。

3. 按

右脚上前与左脚并步，同时双手手掌一合，向前方推出，背往后略微一拔，使劲从背部贯达手掌（图 2–50），面向东，呈如封似闭。

图 2–47　图 2–48　图 2–49　图 2–50

十二、十字手

1. 採

退右脚，同时身体下沉，两手顺势往下採，採至左脚旁。

2. 提

然后转身朝西南方向，左脚尖内扣，右脚不动，两肘上提（图 2–51）。

3. 擎

肩沉，两手向上擎（图 2–52）。

4. 合、分

右手不动，左手从右手腕外穿过，接着从右到左画半个圆弧，两手两股劲对撑，面向正南（图 2-53）。

5. 合太极式

腰向前转正，后脚上步。左手降落至腹前，手心向下。右手从后部由下向上画弧提至胸前，手心向里（图 2-54）。右脚并向左脚，距离同肩宽。右手接着回到胸前，手心朝胸，手指朝东；左手向外画一个圆弧，左手臂外侧与右手臂内侧重叠，手心朝胸，呈十字手（图 2-55）。

图 2-51

图 2-52

图 2-53

图 2-54

图 2-55

十三、收势

1. 开

双手同时向外转，两手分开，手心朝地，高低与肩平，间距同肩宽（图 2-56、图 2-57）。

2. 合

同时坠肘将手抽回到胸前，十指相对（图 2-58）。

3. 沉

两手下沉，十指相对（图 2-59）。

图 2-56　图 2-57　图 2-58　图 2-59

4. 分

手指分别向左右画一圈至两胯旁（图 2-60），手掌放平，然后手指朝下，中指贴着大腿风市穴。双眼平视，身体回正收势（图 2-61）。

全部动作的要领：

（1）有左必有右，欲右必先左，欲前必先后。如身体想左转，必须先意念向右一想。

（2）在整套拳中，所有动作全由腰胯带动四肢运动。

（3）所有动作全是用意识、眼神领先，在意识的指挥下运行。

图 2-60　　图 2-61

何基洪谈武当叶氏太极拳练法

武当叶氏太极拳，系由叶大密先生根据杨式太极拳改编而成。叶先生曾师从田兆麟、杨澄甫、杨少侯、李景林等名师，并和孙禄堂先生的公子孙存周义结金兰，因此也得到孙禄堂先生的言传身教。叶大密先生早年曾在庙中学习婆罗门气功，经过五年在庙中的潜修，悟出气功与太极拳的关系，由此引发他创编杨氏太极拳新架的念头。经他创编的拳架，特别注重意识的训练，拳架缠绕圆转，方圆相济，外形端庄秀丽，内气浑厚。一招一式攻守兼备，不但继承了杨氏传统，并且有所创新，由于它与众不同的风格，时人称之为“叶氏拳”“叶家拳”等，深受学者们的喜爱，习者在强身健体抑或治病养生方面都有明显的效果。

本人练习武当叶氏太极拳已有50年历史，通过长期对武当叶氏太极拳和其他武功的刻苦训练和悉心研究，在40年教学实践中不断提炼，整理了起势、拳架意识训练的内容，以丰富武当叶氏太极拳的内涵，愿为推动发展本门太极拳运动做出一点小小的贡献。

起势

太极拳的起势由三部分组成：无极式、纯阴式、纯阳式。

一、无极式

无极式是一种站桩功法，在学拳时有专门练习的方法。练习无极式站桩法可以加速对太极拳意气的理解。这里所叙述的是练习无极式的方法和步骤。

无极式站桩是一种气功，但是太极拳中的气功主要练的是“意”，不是练“气”，其意在敛气蓄神，神足气整，自然变化从心。切忌聚气，气聚则滞。

无极式气功第一步是练“静”，但是要“静”却很不容易，主要是人的思维活动一下子是安定不下来的。怎么办？既然思维活动停不下来，那么就想个办法，让它干一点力所能及的事情，就是让思想按照指导的思维去想，这就达到“导引”的目的。那么想些什么东西呢？首先是全身放松，从头到足慢慢地、均匀地放松，要做到斤对斤、两对两。就是说你的肩膀肌肉，每平方厘米分布一斤分量，那你的手臂、手掌、大腿、小腿都要均匀地分布“一斤分量”（这种分量是你思想上感觉的重量）。如果是一两五钱，那么都要一两五钱，不能此轻彼重。意气的运走要慢慢、均匀地运行，尽量做到匀速运动。如果在某一点上感觉不能放松，那么你必须把意识停留在这一点上，一直到感觉放松为止，所以说要达到“静”字，必须考虑到三个字“慢、匀、松”；要做到“慢、匀、松”，你必须要有耐心。如果在站桩时感到不耐烦，那么你就会心烦气躁，劳而无功。

既然是要用意识去导引，那么必须有一条路线。意识的路线有三条，第一条是两侧肩膀，从膀根肩井穴开始，经上臂、小臂下行到手指端；第二条是督脉，从大椎开始下行，经脊中柱、悬枢、命门、腰俞至长强，然后分二路经小腿到足跟；第三条是从百会、承浆循任脉过玉堂、膻中、鸠尾、神阙、气海、会阴，然后经大腿至足背，至于涌泉穴。

思想循着这三条路线，慢慢地想，如果感到某个部位不松，则就多停留一会儿，等到松掉以后再想下去，全身各部都想全了，那么意识就守住丹田（脐下一寸半处）。丹田犹如一个蓄水池，人的能量就蓄在其中，守住丹田中的气，即是在养气，要轻轻地、静静地守护它。因为全身的意气是由丹田为中枢传导出去的。站桩时思想常开小差，开了出去必须收回来，再重新循着三条路线练习，一遍又一遍，每天练二十分钟，长年积累，功夫就成功了。

以上讲的是第一步“静”字，下面再谈第二步“空”字。我们知道太极拳注重“虚”字，我们把“虚”字进一步理解为一个“空”。

我们从头顶百会穴开始，用思想从身体内部看（气功里叫“内视反窥”），一层层往下看，看一层空一层，人体感觉像个灯笼壳子，身体只有一层皮的感觉，一直到脚跟。感觉到自己的衣服也没有一点点分量。全身通体透空，犹如一个充了气的大气球。不过这个气球的皮不是紧绷的，应该是像一层丝绸一样松松的、轻轻的。有了这样的感觉，那么你就练到第二步“空”字了。

无极式相当于传统太极拳推广套路中的预备式，而纯阴式、纯阳式等于拳式中的起势，是武当叶氏太极拳中的最精华部分。学好这三式，就为以后学习本套路打下了基础。年老体弱者也可以作为气功来练习。它具有调节大脑皮层，疏通气血，治疗慢性病，达到延年益寿之功效。无极式同时又是意识训练的入门二式之·。拳论曰：“劲起于足跟，主宰于腰，发于脊背。而行于手指”；又曰：“行劲如九曲珠，节节贯串”。九曲珠是寓指人体上的九个关节，劲要按照九个关节的次序行走。这九个关节即下肢踝、膝、胯，躯干腰、脊、背，上肢肩、肘、腕。局部走劲要按这三个区域的次序行走，整体走劲要按上述九个关节的次序行走。

所以当你从无极式转到纯阴式时，必须从足（踝）开始至膝、胯，经腰、脊、背，再到肩、肘、腕，然后才是手指。仔细观察，这上三个关节，下三个关节，上下是相互贯通和呼应的，两者之间通过腰来协调，即所谓“命意源头在腰隙”。所以，身法的变换全在于以“命门穴”为轴心的左右腰隙的变换。这种相互关系，很多人在起势时往往不能正确地表现出来，这就势必影响演拳时完整的运用。

二、纯阴式

1. 移重心

将身体的重心从足跟移至涌泉穴，注意是从足底移，此时上部的劲正好移至肩上。

要求：无过之，无不及，以五趾贴地为准。如有抓地的感觉，表示重心已过。

2. 起沉

随重心的转移举起双臂，意识放在肘的阴面（内侧）徐徐抬起，快至肩平时则坠肘，坐腕，然后舒指（把手指放平），重心回正至足跟。

3. 开合

开胸使双臂向两侧分开。要以胸部打开的意念推动双臂，不能双臂自己主动。开胸的动力来源于足底，然后随意念走圈，双臂向前并拢。开胸时也要开胯，上下呼应。

4. 沉提

胯下沉，带动肘腕下沉，肘腕向下向后，犹如双足把胯下抽。待腕的意识与足底接触时，足立即上撑，将肘和腕提至腰的两侧（身体的重心在涌泉穴）。

5. 合太极

然后双肘向前合拢，身体随之还原，双腕下沉，在胸前形成一个圆弧形，停留两三秒钟做合太极势，此时重心回到足跟。

6. 还原

两手按掌向两侧平抹分开，意在手指，归还原势。

完成以上动作，特别要注意手足与腰胯起沉开合的配合要协调，精神要饱满，有轻松活泼愉悦之感，达到拳论“一举动周身俱要轻灵”“尤须贯串”“一动无有不动”的要求。

三、纯阳式

1. 移重心

与纯阴式相同，先足底、后身体将重心移至涌泉，劲路移到肩，然后顺势起双臂。

2. 起沉

举双臂时意识放在肘的阴面，徐徐抬起，然后垂肘、坐腕，意识由肩、肘至腕，再舒指。

3. 开合

双臂随意念舒指走外圈开合，开合的圈要比纯阴式小。待手伸平时，由胯将肘往回带，双手平行向胸前收回，含胸再开胸开胯，双手向两侧分开，至肩同宽时两手相背向前插出，身体下沉，要领好顶劲。

4. 沉提

两手相背随身体继续下沉，至齐胯位置回抽至丹田，再上提至胸前。双脚慢慢撑起至原站立状。

要求：胯的动作的原动力在足底，要配合默契。

5. 开合

双手在胸前做画圈状，左右分开，至肩同宽，然后向前推出，此时劲要从脊背发出。

纯阴式劲由任脉回落经丹田至涌泉，纯阳式劲由督脉上行经脊背向前发出。任脉为阴，督脉为阳，由此得名。

拳架

一、步型

1. 弓步

前足掌贴地，屈膝半蹲，大腿接近水平，前膝关节不可弓过足尖，小腿基本和地面垂直；后腿撑直，膝关节微弯曲，后足与前足的劲相互

贯通，后足尖呈 45 度（如搂膝拗步等）。

2. 坐步

后腿下蹲，重心后移，足尖呈 45 度，前足贴地，大腿和小腿不可伸直，要稍屈，足掌的劲要与大椎合住（如倒撵猴等）。

3. 马步

两足左右分开，足尖平行，站立宽度大于两肩，屈膝下蹲，裆内有掤劲，尾闾要收起。

4. 川字步

后腿屈膝半蹲，足尖呈 45 度，前足出半步，足跟着地，劲与大椎合住（如手挥琵琶等）。

5. 虚步

后腿屈膝下蹲，足尖呈 45 度，前足出半步，足尖点地，劲要虚虚与大椎合住（如白鹤亮翅等）。

6. 仆步

一腿屈膝全蹲，另一腿伸直平铺接近地面，后腿的膝和足尖呈 45 度左右，前足尖向前方（如下势）。

7. 并步

半蹲，两足靠拢，一足全足着地作支撑足，另一足置于支撑足内侧，足尖点地，作虚步。

二、手型

1. 拳

太极拳的拳为空心拳，即五指蜷曲松握，大拇指压在中指和食指二节指上。拳型有虎口向上、向下和向右三种。

2. 掌

掌法有立掌、平掌和劈掌。立掌是手指向上、坐腕，手掌的小鱼际向前方（如打按劲等）。平掌则以手指向前推（如高探马等）。劈掌是手心朝上，手掌自右向左前方劈去。

3. 勾手

勾手是屈腕五指抓拢（如单鞭的挂勾手）。

三、拳架

第一节

1. 二手手背相对，徐徐上提过丹田，身体左转至东南，右足向左足并步，然后双手分开，右足后退，呈弓步状；同时双手由两侧下沉至膝两侧，意念入地，然后双脚上撑，有将双手从地内拔出的意念，此时可以举双手向前平按。手的动作自始至终均在脚的推动下运动。

2. 由腰带动双手转向东面，然后开半个身体自东转向南，劲由腕肘肩移动，待劲从左肩传递至右肩时，整体转腰，将左手转至南方，右手沉肘坐腕向前推出，左手相应回至胸前，配合右手完成单掌按劲。

注意：这里谈到手的动作时，均未提到脚，在沉肩坠肘时，胯必须下沉，在坐腕前按时，必须由脚跟劲推动手腕，两脚跟劲必须是反作用力的劲。特别强调的是手的进退均由脚来完成，前进靠后脚，退回靠前脚，手不可有主动的意思。

3. 松胯转腰平抱球，在转至上下抱球时，将前脚收回，然后再出步，通过右腰将劲送至前脚，然后再松后胯将劲回至后脚跟，再由脚跟上撑。同时两手左右分开，作掤劲（方向东南）。略开右胸，后胯下沉，后脚劲送至右手，循肩肘腕次序，向前方裤裆方向撩去，手掌虎口朝前（作撩阴掌）。

揽雀尾

向左转腰，双手按向左脚外侧地面，意触地即起。左脚亦随之上撑，顺势转腰，方向西面。双手随腰画圆弧，先是东南至正西半面圆，然后是向南向西北方画平面大圆，顺势收步抱球，抱在身躯左侧，面偏向西南。

掤

双手在身左侧抱球，出右脚，注意一定要用胯出弓步。同时，右手

自左侧画圆弧向前掤出，左手则向右手按出，与右手同时到达掤的终点位置。左手是主动手，右手是被动手。

捋、挤

承上势，左腰推左手继续向前，而右手则跟随右腰向右后上方向作捋劲，此为右捋，然后右腰推右手向前按出，左手则随左腰向左下方撤退。先沉前胯，再沉后胯。经过左脚上撑做挤，右手同时于前方回下与左手会合，向前挤出。由捋至挤要完成胯的开合，开胯时前脚要撑，合胯时后脚要撑，虽然动作简单，但配合必须默契。

按

双手左右分开，下沉至膝两侧，撑脚举双手向前按出。要领与先前斜按相同。

单鞭

双手略前进，松胯转腰，两手按向右足外侧，右足上撑，顺势向左转腰，右足的劲要与左肩相合。双手臂的劲，在腰的带动下自右向左画圆弧，手臂要本着肩、肘、腕的原则，节节贯串，至左腰旁时，做挂勾手状。左手推右手，右手挂左手，向右肩上面挂去，然后左手离开右手，自右向左，由外向内画平圆后，推向右肘旁，劲则通过背面送向右腕面，再将左手之劲回到右肩面，再沉向右足底。此时胯下沉顺势转身，面向东面，出左弓步，方向正东。左手顺势由右侧向正东方向画圆弧，转腕击掌，右手则与左手腕同时做挂勾手。此时胯要配合手势，先沉左胯，后沉右胯，然后合右胯，再合左胯，完成一个绞劲。

左右接手

松胯，右手自右向前方与左手呼应接手，也就是说右手向左手靠拢，左手也从前方回来与右手做接手，接手后左手仍向正前方按掌，右手则从前方回至右上方，手掌向后。此时重心在右脚，然后整体向左转身，至西北方向，此时左手下沉至左脚外侧，右手则落至左肩侧，勾左脚转体，面向西南，右足尖点地，与大椎相合，此时重心在左脚。同时左右手交接，右手出右掌在前，左手则回至左上方（手掌向后）。

左右各完成一次接手。

提手上势

向右转腰，至不能再转时，左手从上面落下，与右手一起画弧，左转，此时的劲并未通过右足，因此左右手再一起画一个小圆弧。其目的是让手梢的劲通过前脚，让前脚顺手的势道，轻灵地提起前脚（右脚）；然后右脚重新出步（半步），脚跟着地。左手手心朝外，从右手臂肘的位置下捋，右脚底轻轻上撑迎合左手，双手从身的左侧朝前打提手上势，右手在前引，左手在后推，提至身前，右腕的高度与眼同高。身体微侧，后足劲送至腰背并与双手相合，前足劲则与大椎相合。

要领：前后左右上下均需平衡。

白鹤亮翅

承上势，左顾右盼，松胯转腰，抱球在左侧，顺势收步（半步），再出全步。右手画圆弧，自左向右，至前方时身体重心要移至前脚，回来时身体重心要移至后脚，圆弧画回来时顺势向右侧作斜掤，右脚尖要顺势勾转。左手则先挤右肘，再向上打迎面掌。合胯，转身体面向东面，左脚先并步，转身后出点步（半步）。右腰带动右手上提，至水平时，身体左转，右手在腰的推动下，穿向左上方，然后再转向右面，此时身体中线正好在正东方向，左手顺势前伸，右手上托，完成白鹤亮翅。

左搂膝拗步

左手作採势，右手顺势作劈，转腰，右手至右上方，顺势收左步，再由右胯送左脚出步，顺势出左肘，重心不可超出左膝，而只能将劲通过膝盖、小腿，送至前脚掌。劲至前脚掌后，即略转左腰，使左肘的劲回到左肩，然后再至右肩、右肘、右腕，使左面的劲回转到右面。胯下沉并开胯，左手腕要沉至左膝内侧，右手腕则放在头部右侧，整体转腰。左手搂膝的劲，先在腕，然后至肘，再至左肩、右肩，转腰停止，此时劲已由左肩传递至右肩。左搂膝右脚在后上撑，右肘下垂，左掌向前按出，至此完成搂膝拗步。

要领：左手按掌的劲，要与右手掌根相接，右脚的劲也要与右手掌

相接，前脚掌的劲要与大椎穴相接。要做到胸空腹虚，气贴脊背，神气虚虚领起。

手挥琵琶

松胯转腰，提左手至右膝上方，与左腿同一条线上，手心朝外，手臂呈圆弧形，右手放在小腹前部，手心朝下，右手的劲要与左掌合住，此乃反接手。用后脚的劲推动右手和左手，同时画平面圆弧，至左脚上方时收回，左脚顺手势一起收回，与右脚并步。再出左步（半步），足底着地。上身则按肩、肘、腕的顺序向前出掌，右手则在后辅助左手前推。

要领：后脚、右手合住左手，前脚跟合住大椎，气要贴背，含胸敛腹，气沉丹田，吊裆提顶。

左右搂膝拗步

承上势，将右腰前合，把重心送至左脚，然后回撤，顺势将左脚收回。同时，提右手至右上方，再由右胯将左脚送出，与左搂膝拗步要领和步骤相同，打左搂膝拗步。

松胯转腰，左手从左侧升起，手掌朝上，随腰右转至正东方向，而右半个身体继续向右开，待劲至后脚跟，则由脚底上撑，将右手劲合至左手，此乃正接手。

正接手和反接手，乃是搂膝拗步和搂膝拗步之间、搂膝拗步和手挥琵琶之间的一个过渡动作，是使架子平稳过渡。

开右半个身体，将重心后移至后脚，前脚成虚脚后，左撇 45 度，然后右腰推动右肘前合，重心前移至左脚，右胯要与左胯相合，右肩也要与左胯相合，合住后上步，先与左脚并步，然后再由左胯将右脚送出，出步出肘，再看右肘至右肩回到左肩左肘左腕，双胯下沉，右手在右脚内侧，整体转腰；同时，后脚上撑，右手要顺肩肘腕顺序搂膝，待劲至左肩时，虚领顶劲，后脚推动左手掌根前按，右手坐腕，掌根劲与左手合住，前脚劲与大椎合住，要气贴背，腹中松静，完成右搂膝拗步。

松胯向右转腰，右手从右侧升起，手掌朝上，随腰转至正东方，而半个身体继续向左开，待劲至后脚跟时，则再在脚底推动下向前合，左手要对着右手的手腕合劲。此乃完成右搂膝拗步下的正接手。

接下来再按照此方法，完成一个左搂膝拗步。

本动作共有三个搂膝拗步的连续动作，即左、右、左搂膝拗步。

手挥琵琶

动作和要领同上。

左搂膝拗步

承上势，右腰推右手合至前足，前足后撑，顺势收步，转腰提右手至右上方。然后出左步，顺势出左肘（其余要领和动作与上述同）。

上步披身靠

正接手后，右侧开胸开胯，然后右手过头顶，手掌根向前，自上而下向前方画圆弧，先是掌根，后是肘，此二点在整个圆弧运动中，作为靠点，手掌的终点是自己的左足掌位置。在过程中左手要手心朝里，护住自己的头部。

斜步撇身捶

承上势，并步，出 45 度斜步，右手在左手中套出握拳，拳心朝上（虎口朝右），朝前方打出，然后收回，再水平出拳一击。

进步搬拦捶

承上势，撅臂，即以左肘前合，右掌回贴迎合左肘，此式叫作撅臂。然后左手掌朝前劈出，右手在左手肘底与左手之劲配合。再向左转腰，使左手向左方平捋，至东北方向时，向下向右折回至中线向前掤出。顺势左足上步打搬拦捶，搬时左手臂水平向左，至左肩同宽止；然后再向右拦，至右肩同宽为止，右手握拳顺拦势向前击出。

如封似闭

承上势，右拳继续向前，手臂同时向左旋转，至终点则用前足向后撑收回；同时左手从右手臂下向前伸出，待左手臂接近右手臂前掌时，旋转双臂使手心向上、向前掤出，然后双手向两边分开，后坐，再向前按出。

十字手

承上势，向前并步做按后下採，双手意从地面由东向西南方向，手背相对上提，然后沉肘，双手向前上方按出。后足向前足并步，再向左边迈出一步，使左右足在同一平行线位置。左手在足并步时，向右手做按手，然后顺左足迈步时在头顶前自右向左画圆弧。左手的劲自腕至肘至肩，再走至右肩，顺势向右转腰，使劲由右肩至右肘右腕，然后向正南方向做靠。顺势提右脚至左脚旁，两足宽度与肩同。右手自下而上至膻中穴前，手心朝里；左手自上而下至丹田前，手心朝下。此时气沉丹田，全身放松。

承上势，向左转腰，然后再转回正面，左手则随之上串，与右手组成十字手，双手手心朝里，面向正南。接着向右转腰，同时沉右边腰胯，劲至足底，由右足劲将右手朝东南方向做按劲。然后再向左转腰，同时沉左边腰胯，劲至左足底，由左足劲推动左手向东西方向做挤劲。做完左按右挤之后，身体转正，双手亦随之向前伸出，随之立即收回至胸前作十字手。此十字手为立掌，手心各向东西。然后合肘，同时双手向前推出，开胸，双手左右分开向前画弧合拢，由胯带动双肘下沉，待手心与地面平行时，由双足上撑，手腕至腰部时双肘以手心为中心向前合拢，身体重心亦随之回到足底，双腕下按，使两边手臂的弧度在胸前成为圆形。稍留片刻，待气沉足底后，双手回至两侧，做还原姿势。

整合第一节拳架至此结束。（具体动作参阅录像）

当第一节拳架练习熟练以后，可以学习第二节拳架。

第二节

抱虎归山

叶氏拳的抱虎归山，共有三“抱”。第一“抱”，右手从左向右抱腰；第二“抱”，右手从右向左抱腰，左手作托下巴状；第三“抱”，左手从左向右抱腰，右手按额头状。

动作比较复杂，参照视频可以看清。

要求：动作连贯，意念清楚。

倒撵猴

“肘底捶”以后，即形成三体式，左手在前，右手在下，眼睛前视。“倒撵猴”共做三次，左手从下甩向右上角（西南方向），手必须由腰劲至最高点后，劲要按腕、肘、肩过背，然后经左肩、左肘，送至左腕，使左手充满意气，然后双手相合，下部方可退步。退步前要先坐后胯，然后按 S 形退步，右手从后部与左手相交叉（过肘），按向前方，左手手心朝上，与右手成三体式。

如此左右三次，最后一次转腰合向东南方向。

要求：“倒撵猴”是一项防守与反击的动作，退步是甩左右手，作交叉推挡防守，定式时反击。要做到后手劲通过背部输送到前手，做到意气能在两手间流动。

斜飞式

斜飞式又称“斜飞势”，使借双手分开的势能击人，不过叶氏拳斜飞式的走向是从外向内画圆弧击人，靠的是右手手臂的外侧从下向上的摩擦力击人。

海底针

搂膝拗步以后，上半步，左手从前向上，然后从中间由上而下落至膝部，用腰部带手作搂膝，我们称之为搂膝海底针。

搂膝后手回到中间位置，右手即对着手在前部的位置下插，作海底针。

要求：用右手前部的摩擦劲将人击出。

扇通臂

扇通臂在书上又称“三通臂”，其意义是劲三次通过背臂部位。

继上势，收前足，并步。左手托在右肘部，右臂向前画圆弧至正前方；然后双沉，即两肘下沉向前出步，作扇通臂动作。然后右手向后拉至右耳后面，再向前按出，与左手形成双手并按。

云手

叶氏太极拳的云手共有三种不同形式。第一个“云手”以捌劲为主。

在“单鞭”定式之后，接手后坐，向左转腰至东北方向，然后转腰回身，方向西南，右手下落至与腰齐平，左手上提与面部同高。腰在右足发动下，转向东南。左肘与腰劲合住，右手同步转之东南角，左肘在腰的推动下，与右手相合，完成捌劲。

如此往复三次，完成“云手”动作。

要求：左右手均需在腰的带动下，相互配合完成捌劲；动作要连贯，无断断续续。

高探马

继“单鞭”之后，后手从右侧向前推出，左手及左脚回收，左手心向上，与右手呼应。左脚尖点步。所谓“高探马”要高，因此，身形要升高，虚领顶劲，双目前视，表现得精神饱满。

左右分脚

继上势，左前脚收回，至右脚边点步。左手在下、右手在上做抱球状。出左步正东方，右腰带右手向前，将劲送至前脚，然后松后胯，左脚带动左手，将劲送至后足，再双手分开作掤劲，方向正东。

然后旋转身躯，待前手转至东南角度，后手向前方，与前手汇合作削状。双手再抱十字手，方向正东。左脚掌至腰部向右转身，然后右脚撑至腰部带动身躯左转，收回右脚点步，面向东南。左手上托，起右脚，用脚尖刺向前方，完成右分脚。待右前脚落地后，左腰带动左手向前，将劲送至前脚，然后松后胯，右脚带动右手，将劲送至后脚，再双手分开作掤劲，方向东南。

然后旋转身躯，待前手转至东北方向，后手向前手作削状，双手再抱十字手，方向东南。右脚撑至腰部向左转身，待至正东方向，左脚撑回，身躯转至东南方向时，收回左脚刺向前方（东北方向）。完成左分脚。

要求：脚与腰互相配合默契，分脚时身体要正，后手上托精神提起，分脚时前脚刺的方向要与前手指的方向一致。

披身伏虎

右蹬脚，双按，再上步作踩劲，左顾右盼，向后方转身，方向东北。左腰托起左肘，向右小臂外侧上穿，然后右腰推右肘向前方向作披身伏虎（方向东北），再作双拳双按，再上步作踩劲，左顾右盼。向后方转腰，方向东南，右腰托起右肘，向左小臂外侧上穿，然后左腰推左肘向前方作披身伏虎。

要求：腰与肘的劲相互配合，全身合着整劲。

双峰贯耳

右蹬脚，未等前脚落地，双手左右同时向前作劈状。双脚落地后，先看右手，再看左手，以左顾右盼的方式，起双手向前上方合击，完成双峰贯耳。

要求：利用左顾右盼的劲，打出双峰贯耳式，以显示其中的虚实变换。

学习第三节开始，首先就要自己想一想：你第二节的动作学好了吗？拳架是否正确，意识路线走得对不对？上下相连吗？上下九节劲你会"走"吗？腰和胯的关系你懂了吗？"沉肩垂肘、虚领顶劲、含胸拔背、气沉丹田"这十六个字你能在拳架中体会出来了吗？如果基本做到了，那么你可以学习第三节拳架了。

第三节（凡在第一或第二节中教过的拳架不再讲述）

野马分鬃

自斜单鞭开始，接手后坐，左手在前按掌，右手在后向后上方按掌，转腰至东方，再交叉接手，右手在前按掌，左手在后向后上方按掌，腰向左转再向右转，使右手从左到右画一圆弧，顺势作靠，左右手成一直线，然而回身抱球，左手在上，右手在下。重心在左足，右足虚步。

出右步，方向西北，劲送至前足再回后足，前后足都与地面有撑力（这是叶家拳的基本步法，叫送前足回后足）。上面两手随腰配合足的动作，先后手劲随腰送至前足，再松前胯、沉后胯，将前手劲送至后足，此时双手交叉，双腿下沉上撑，双臂左右分开，向右侧作掤劲，双臂分

开的动作要自下而上，然后再由上而下沉，做野马分鬃状。眼神看左手（双手 90 度夹角）。

左肩向右作靠劲，力点在右臂的外侧，双臂顺靠劲向右画圈，双手沾地后，撑右足向左侧作捋劲，捋时小臂要向外转，至左侧时，发动左足撑向右足。左手边捋边抱，右掌向前推出成按掌。

左手向右手抱球，上步。然后左脚向西南方出步，按照上述要领做第二个野马分鬃（左）。

要领：练习左右足互相撑劲，每个动作必须是足先发动，然后至腰至手臂，腰的转动是“公转”，手臂的转动是“自转”（就如地球环着太阳转的关系一样，既绕着太阳转，而自身也在转），要配合默契，做到拳论中“上于两膊相系，下于两腿相随”，手足要有相系相随之意，殊为重要。

玉女穿梭

又称四角穿梭，一手作架状，一手作推状。其中穿插採劈、海底针等动作，其四个方向是西南、东南、东北、西北。

自单鞭定式按手后坐，向左转腰至东北方向，然后左手作回抱状，腰转回至西南方向，左手收回，右手出掌，提右脚向前踩，右手作劈，左手顺右臂向前穿出接手。然后上步（并步），再向前出步。腰和手臂向左转圈，回至中间后，左手作架状，右手作推状，完成一个角的穿梭。

并步，右手下插前下方，作海底针状，再转腰带动右臂向东北方向掤出，左手则顺右手圆弧转动，再作反掌按向左足，顺反弹之势，左足并向右足，接手退步，抱球。

左右手同时向东南方作掤，右手在前，左手辅助右手作推状。到达定式时，身体下蹲，左半个身躯作开状。右手以右肘为中心，转圈作架状，左手顺势作推状，完成第二个角的穿梭。

左手作按，右手下托，转腰右手劈。右足踩（方向东北），左足上步。左手从右臂下穿出，然后转腰带动手臂，左手在上作架状，右手在下作推状，完成第三个角的穿梭。

并步，右手下插前下方，作海底针状，再转腰带动右臂向西南方向掤出，左手则顺右手圆弧转动，再作反掌按向左足，顺反弹之势，左足并向右足，按手再后撤步，抱球。

左右手同时向西北方向作掤，右手在前，左手辅助右手作推状，到达定式时，身体下蹲，左半个身躯作开状，右手以右肘为中心，转圈作架状，左手顺势做推状，完成第四个角的穿梭。

要领：动作轻灵，转体得当，上步退步灵活。

云手（二）

在第三节拳中共有两次云手，姿势各不相同。在第二节拳中的云手以掌为主，其主题为“行云流水”；第三节的云手主题为“翻江倒海”，即以鼓荡劲为主，结合全身劲的蓄发，双手左右往复缠绕，上下鼓荡，气势雄威。

自单鞭定式，接手后坐，向左转腰至东北方向，然后转腰回身，方向西南，右手下落至与腰齐平，左手上提与面部同高。腰在右足发动下，转向东南，双手再随腰转至西南，换手型再转向西南方向作双按（左手在上，手心向下；右手在下，手心向上）。收胯敛腹，气贴背，再向前合出，作双按（完成第一次向左云手）。

右足并向左足。右手从左手臂上方向左边穿去，转身，右手上提至面部高度，左手与腰同高，向右侧云手，转至西南方后，在原地作双按（右手在上，左手在下，两手手心相对）。然后收胯，敛腹，气贴背，再向前合出作双按（完成第一次向右云手）。

如此左右往复云手三次，即完成本套云手（二）。

要领：折叠劲与鼓荡劲配合，拧腰扣胯，周而复始，缠绵不断；又如长江大海，滔滔不绝，打出支撑八面的气势。

下势

自单鞭定式，后挂勾手平举合向左手，顺势并步。转身面向西南，出步；同时右挂勾手也向西南上方做攻击状。身体重心移向右腿，转身，面向东方，同时屈膝下蹲，左腿伸直铺地成为左仆步。右手仍持挂勾手，

左手持掌，手心向右，手指朝前方贴小腿内侧向前插去。眼神随左手向前方。

要求：考验腰胯下沉能力。

金鸡独立

在下势的基础上，重心前移，起立并步，并步时右脚以足尖点地，为虚足。后手由挂勾手变掌，仰身（后弯腰），右手从左向右过头顶再向右前方劈掌，收腹提腿与胯平，左手搂右膝，右手屈肘上托，手腕与肩平，掌心向左成立掌，左手在按膝后回至左腿外侧，掌心向下，作按状，左掌之劲要与右掌合住。眼神看右掌前方。此时完成左金鸡独立。

左手后撩，右手作推状，右足退步，左右手交叉，换掌，即左手作推状，右手放在胯前，犹如倒撵猴式。左手在前、右手在后作挤状。身体后仰，左手从右侧经头顶上并转圈至左面，劈掌至前方。然后收腹提腿与胯平，右手搂膝，左手屈肘上托，手腕与肩平，掌心向右成立掌，右手搂膝后面至右腿外侧，手心下搂，劲与左掌相接。眼看左掌前方。如此完成右金鸡独立。

要领：仰身后弯腰、劈掌、收腹提腿、搂膝独立，要连接均匀平稳。

云手（三）

此为第三节的最后一个云手，是第二节中的第一云手和第三节中第二云手的结合形式，不过是以拳代掌，用第一云手的挒劲和第二云手中的鼓荡劲相结合，在左手换向时要穿插开合下插动作，同时要求拧腰扣胯，要做到周而复始绵绵不断。本套拳的云手套路中主要是编入多种劲路，让学者有机会练习三种云手、三种不同的劲路，以提高学习的趣味性，同时也能多理解不同劲路的用法。

回身右蹬足

高探马后，下蹲（重心右足）出左步，穿左掌，方向正东上方，转腰向左捋，方向东北，回身左手掤，方向东南，左手再回身劈，方向正西，高度与眼同高，此时右手自下向上与左手交叉作架状。同时起右脚蹬足。

本套拳中的回身右蹬足是结合高探马中的穿捋、掤、劈连接而成，劈完成后右手自下而上作架状，顺势右蹬足，一架一蹬，配合默契，同时可让敌方防不胜防。

进步指裆捶

右蹬足后，向左侧身，重心全移左脚，右足向左足并步后即向前出摆步，脚尖外撇，重心移向左足，屈膝半蹲，左脚随即跟上出步。左手随腰转动作搂膝，同时，右手握拳向前下方击拳，引至半途即改途向前方，作指裆捶。

上步七星

下势起立，前脚上步，脚尖点地，劲与大椎相接。双手交叉前伸，位置胸前，作下卷状。

退步跨虎

退前足到后方，右手随之举向右后上方，左手平举在前方，作退步跨虎势。

转身摆莲腿

退步跨虎后，右掌向前方作按，随即向右转腰。右脚向前出步，左脚跟上走八卦步，然后起右脚作摆莲脚，即右脚从左向右摆腿。而双手自右向左朝右足背拍去，高度与腰同高。右脚落地时，即作弯弓射虎势。

第三章 武当对剑

剑，是我国古代兵器，在冷兵器时代，曾被赞誉为“百兵之君”。今日之剑，“百兵之君”的“君威”已华丽转身为一种文化传承下健身养身的亲民载体。通过击剑、舞剑，达到习武思奋，陶冶个人身心品行的目的。

武当剑法特点

文化薪火一脉相承，剑理剑法亘古未变。武当剑法融会了各家拳术剑法之长，阴阳中和之气修敛于内。其特点如下。

1. 意气为君，眼、手、步、身、腰法为臣。炼精化气，炼气化神。这是内家拳的心法，也体现了武当剑法之特点。

2. 用剑要诀，全在观变。彼微动，我先动，动则变，变则活。

3. 身与剑合，剑与神合。凝神息虑，伺机而发，以变应变，乘虚蹈隙。

4. 武当剑法看似简易，其实不然。因内家剑法仅限门内授受，习剑者均有内家拳基础，持剑运化则水到渠成。在传授时，只需向其交代基本剑法，习者可从剑法悟得，在运剑中体会剑的神韵。

武当对剑动作图解（第一路）

叶绍东演练
武当对剑

练习者以面向南北为例：红衣方为上手，甲方；白衣方为下手，乙方。甲乙动作时互以对方为前方。

预备势（图 3-1）

甲：面向南并步站立，左手持剑，直立于左臂后，剑尖朝上；右臂自然垂于身体右侧，呈无极桩式。眼平视前方。

乙：动作与甲相同，唯方向相反。

甲、乙相距约 5 米，各自脚前掌压中线。

图 3-1

1. 上下手各起势

互垫步刺进步翻崩腕（图 3–2 ～图 3–6）。

甲、乙同时向左转头；目视对方。

甲：右手由下向左、向上举起，高与肩平。

甲：右臂略向上抬起，并向右平摆，画弧至身体右侧，手心向外，高与肩平；同时左手持剑，由左侧平举、向上摆起停于右胸前，手心向下。

甲：左脚向左侧迈一步，脚尖外撇，上体左转 90 度。左手持剑，向左侧下摆开，剑尖向上，右剑指指向对方。目视对方。右脚向前，脚尖点地，成右点步。右手手心向下，高与肩平。

甲：右脚向后撤步，左脚随之略向回收，以脚尖点地，成左点步。身体右转，右剑指变掌，手心向上；左手持剑随之向前、向上摆动，屈肘收于胸前，手心向下，剑把落于右手心内，右手接剑。目视乙方。

甲：垫步平刺，左脚尖向左转 90 度，向前横跨半步成左垫步，右剑平举，手心向上，刺向乙方，高与胸平。右手由上转向左侧，手心朝里。右脚往前横跨半步，重心移向右脚；左脚由右脚后向右前方点地。右手由后向下往前摆动，反崩乙方右手腕。

乙方动作与甲方相同，唯方向相反。

图 3–2

图 3-3

图 3-4

图 3-5

图 3-6

2. 上 进步斜点腕　下 回身抽腕（图 3-7 ~图 3-9）

甲：右脚向右移半步，左脚前脚掌点地。右前臂内旋，剑尖由上、向左、向下点乙方腕部。

乙：右脚略向右移，左脚前脚掌点地。剑尖向上、向右，抽甲方腕部。

图 3-7

图 3-8

图 3-9

3. 上 退步刺腕　下 退步套腕刺（图 3-10 ～图 3-15）

甲：右手臂外旋，手心朝外。右脚后移半步，呈左弓步。剑尖刺向乙方腕部。

乙：腰右转，左脚弓步，剑尖刺向甲方腕部。

甲乙双方对提剑互走半圈。

要点：在乙剑把上提的同时，甲的剑把也略上提，两剑的前半部分交叉，但不得相碰。脚步方向走孤线，甲乙双方正面相对。

图 3-10

图 3-11

图 3-12

图 3-13

图 3-14

图 3-15

4. 下 进步刺腰 上 回身翻格腕（图 3-16）

乙：右脚向前，成右弓步。右前臂内旋，手心翻转向右，剑尖刺向甲方腰部。

甲：左脚后撤，右脚虚步。右前臂内旋，剑刃格乙方手腕。

图 3-16

5. 下 带腰 上进身带腰

乙：动作同上。

甲：右脚再略向前移半步，成右弓步。右手剑向前反格乙方腕部，然后使剑身向左侧回带乙方腰部。

6. 下回身翻格腕（图 3-17）

乙：重心后移，右前臂外旋，剑刃格腕。重心移到右脚，成右弓步。右手剑向前渐对甲方腕部反格。

以上动作 4、5、6 重复做 3 遍。

图 3-17

7. 上 进身刺腰　下 回身压剑反击耳（图 3-18）

甲：上体前俯，右手心向下，随着乙方下压，剑向下沉，剑尖向前。

乙：随甲之来剑，做压剑动作，手心转向下，用剑身平面压甲方来剑，剑身要平。随后，右手剑崩甲方耳部，手心向上。

要点：两剑之间的夹角成 90 度，不要相碰。

图 3-18

8. 上 回身崩腕 下 提腕（图 3-19、图 3-20）

甲：见乙剑击来，重心后移，右脚成虚步；剑尖崩向乙方腕部。

乙：右手臂内旋，手心向外，剑刃上提对方手腕。

要点：在乙击甲方耳部时，甲方用剑尖崩乙的腕部。

图 3-19

图 3-20

9. 上 提腕对劈（图 3-20、图 3-21）

甲：右前臂外旋，剑把上提，手心向右；然后，右前臂内旋，手心向左，剑尖向上、向前由上而下剑刃劈向乙方。

乙：动作与甲相同。

图 3-21

10. 下 上步刺喉　上 上步带剑进身刺喉（图 3-22 ~图 3-24）

乙：右脚向前上半步，成右弓步。右前臂外旋，手心转向上，剑平刺甲方的喉部，剑尖略高于手腕。

甲：见乙方剑刺来，右前臂外旋，手心转向上，剑往右带，剑尖略高，右手剑将乙方剑向右侧带开。

图 3-22

图 3-23

图 3-24

11. 下 回身带剑进身刺喉（图 3-25）

乙：见甲方剑刺来，右前臂外旋，手心转向上，剑往右带，剑尖略高。重心后移，右脚成右弓步。将甲方剑向右侧格开，剑平刺甲方的喉部，剑尖略高于手腕。

甲、乙重复上述动作 10、11 三遍。

要点：重心变化要明显；注意转腰坐胯时两剑不要相碰。

图 3-25

12. 上 退步压剑进步缠（右搅）剑（图 3-26）

下 上步刺剑进步绞（左搅）剑（图 3-27）

对走半圈（图 3-28 ~图 3-30）

甲：当乙剑向前刺时，首先将乙方来剑往上带。右脚向左前方上半步。右前臂稍外旋，剑身向上带起，然后向右、向下搅剑；

乙：重心前移，随甲向上带剑的动作，右手剑由前向左、向下搅剑。左脚随即向左前方上半步。

甲：左脚继续向前、向环形上步。右手剑向上搅起。

乙：动作与甲相同。

甲：右脚继续向前上步，右手剑继续向上、向下搅；左脚再向前上一步，两剑搅至体前下方。

乙：动作与甲相同。

要点：搅剑时以甲方为主，乙方随甲。两剑相搅要成立圆，迈步要走弧形。

图 3-26

图 3-27

图 3-28

图 3-29

图 3-30

13. 下 击头 上 并步托剑进步截腿（图 3-31 ～图 3-33）

乙：当甲、乙分别走四步，乙方剑转到甲方剑上方时，稍向下压，右脚向左脚前上步，右前臂外旋，手心向上，剑刃前端击向甲方头部，剑尖略高于肩。

甲：见乙剑击来，左脚稍向后撤，右脚向左并步，屈膝略蹲。右手心朝上，剑身平托乙方剑身。右脚向前横跨半步，重心移向右脚，左脚从右脚后向右前方点地。剑刃截向乙方的右小腿。

图 3-31

图 3-32

图 3-33

14. 下退步截腕 上退步带腕（图 3-34）

乙：见甲方剑截腿时，右脚点地，右前臂内旋，剑刃截甲方腕部。

甲：右脚撤步，成左弓步。剑刃带向乙方腕部。

图 3-34

15. 下 退（进）步左截腕 上 进（退）步抽腕（图 3-35）

乙：右脚向前落步，成右弓步。右前臂外旋，然后截向甲方腕部。

甲：见乙剑向腕部截来，重心后移至左腿，左腿屈膝略蹲；右脚移至左脚前，向右斜方跨步，成左虚步。右前臂外旋，剑刃抽向乙方腕部。

图 3-35

16. 下 进步右截腕（图 3-36） 上 退步带腕（图 3-37）

乙：右脚向右前方落步，成右弓步。随即剑刃截甲方腕部。

甲：左脚向左前方落步，成左弓步。剑刃带向乙方腕部。

图 3-36

图 3-37

17. 下 衬步翻格腕 上 虚步刺腕（图 3-38、图 3-39）

乙：重心后移，身体向右转。右手剑上提，剑尖朝下，手臂内旋，翻格对方腕部。

甲：右前臂内旋，手心转向右，剑尖刺向乙方腕部。

甲：上动不停，剑把向上，剑刃提对方腕部。

乙：动作相同。

图 3-38

图 3-39

18. 对提腕各退步保门式（图 3-40、图 3-41）

乙：右脚向后撤步。右前臂内旋翻腕，手心向右，反撩甲方腕部；左剑指指向对方，高与肩平。

甲：右脚向后撤步。右前臂内旋，手心翻向右，剑反撩乙方腕部；左剑指指向对方，高与肩平。

甲、乙同时将左脚收回，两脚平行站立，与肩同宽，脚前掌在同一直线上，方向与起势相同。左手剑指变掌收于右肩前，掌心对外，右剑心朝里，剑把落于左掌心内，左手接剑，由右放于左侧身旁，右手掌由下而上画一弧线，落于右侧身旁。眼向前平视。

要点：全套剑法运用要准确，动作接连要清楚；特别要注意两剑不要相碰，身法、剑法、精神要协调一致，刚柔相济。

图 3-40

图 3-41

叶绍东谈武当对剑练法

中国剑术，在我国武术门类里面是一个传统项目。说来其源远流长，已有 2500 年的悠久历史。早在春秋时期，“击剑习武”就已成当时社会的一种时尚。在其以后发展的沧桑岁月里，又衍生出诸多门派，武当剑便是其中的一个重要代表。

武当剑在其以后的发展历程中，逐渐成为我国主要的传统剑法之一，特别是近现代。这主要得益于李景林先生等前辈的贡献。

我父亲叶大密先生，继承发扬了李景林先生的武当剑，特别是武当对剑，并将其传承到了下一代和我的手中。我有义不容辞的责任，承上启下，继往开来，并乐将我几十年来的习剑浅悟与大家分享。

武当剑法在古剑谱中是有比较翔实的记载，分类为个人单练和双人对练等。这里暂且只对双人对练，也就是武当对剑做一些简单的阐述；详细的讲解有待日后我另外的专述。

首先是在基础训练时，要有左右旋转的八卦步法，虚实变化的太极身法，避实就虚的武当剑法，身灵步活，即所谓的“太极腰，八卦步”。对练中要求，上下左右三角法，阴阳圈剑法等。在剑法中，采用了古代剑法击、刺、格、洗四法，并结合套路内容加入了（由我父亲叶大密先生于 1964 年最后改定的）杨公澄甫大师太极剑套路及剑法中撩、拦、叩、拨、摇、挑、抡、扫八字和李公景林大师抽、带、提，格、击、刺，点、崩、搅、压、劈、截、洗十三字等技法，以体现对练的攻防特点。

为便于实用，握剑采用活把握法，弃用长穗。整个套路剑法清晰，刚柔相济，动静相兼，形神结合。身与剑合，剑与神（眼神）合，身、步、剑诸法均与精神合为一体，以达到内外上下协调的完美一致。

以上介绍的这套对练法，其所具有的独特风格，正如李公景林大师（时人尊为剑仙）叙述剑的最高境界：行气如流云；如孙公禄堂先生（时人尊为武圣）所叙的"举步如涉水"。

这些都是对每一位习剑者的最终要求。大家可以在习练过程中慢慢体悟，并努力去做到。叶氏拳有"拳从剑出"的说法，这不啻是世人对父亲叶大密先生剑法修炼到相当境界的高度认可，更说明了武当对剑高雅实用的深刻内涵。

对于初习者而言，可以先从单练上手，或下手开始，待练熟后，再互换并对练，这样循序渐进，持之以恒，日久必扎实见效。

附：

武当剑法十三势：击、截、刺、抽、劈、洗、格、带、提、压、点、崩、搅。

一、击

敲之使退也。分正击、反击二法。

1. 正击。持剑手手心向上，剑身平行于地面向前刺击。

2. 反击。指剑尖着力点偏重外侧的击。

二、截

阻之勿进也。分平截、左截、右截、反截四种。

1. 平截。持剑手手心向内，以剑前部向前截敌腕。

2. 左截。向右闪身，剑向左方截敌腕。

3. 右截。左截反之为右截。

4. 反截。持剑手内旋成手心向外，剑由下向上截敌腕。

三、刺

冲之于前也。分侧刺、平刺二法。

1. 侧刺。持剑手手心向内，剑面竖直向前直刺。

2. 平刺。持剑手手心向上，剑面扁平向前直刺。

四、抽

拔之于后也。分上抽、下抽二法。其式均系持剑手手心向下，手背向上，剑尖向前方，对准敌腕之上或下部，往右抽拉。

五、劈

由上斩下也。持剑手手心向内，剑由上向前下直劈。

六、洗

由下掠上也。持剑手外旋成手心向外，剑面竖直由下向上撩击。

七、格

破其实而陷之也。分下格、翻格二法。

1. 下格。持剑手手心向内，剑由斜下向上斜格敌腕。

2. 翻格。敌近身时闪开其锋，持剑手由手心向内旋成手心向外，使剑由下向敌腕翻格。

八、带

攻其虚而避之也。分直带、平带二法。

1. 直带。持剑手手心向内，剑随身后仰，顺势向后带回。

2. 平带。持剑手手心向上，手背向下，剑尖向左平拉。

九、提

撬之使扬也。分前提、后提二法。

其式均系持剑手内旋成手心向外，剑尖斜向前下方，手腕上提。

1. 提时重心前移（或进步）者为前提。

2. 重心后移（或撤步）者为后提。

十、压

镇之使定也。持剑手手心向下，使剑身直向下压敌剑。

十一、点

制之于上也。持剑手手心向内，剑面竖直，身臂不动，以腕力使剑尖由上向下点击敌腕。

十二、崩

制之于下也。分正崩、反崩二法。

1. 正崩。持剑手手心向内，身臂不动，以腕力使剑尖由下向上直挑敌腕。

2. 反崩。持剑手内旋成手心向外，身臂不动，以腕力使剑尖由下向上直挑敌腕。

十三、搅

能失敌之主张，居中御外，统领八方，凡十二势之动作皆兼而有之也。

分横搅、直搅二法。绞式均以剑尖绕腕画圈，自己之手腕要避开对方剑尖绕行。

1. 侧绞为横搅。

2. 前绞为直搅。

配对与功能

1. 每前后二势相配相对。

2. 每前后二势一攻一守。顺逆相对，交错化生。

3. 唯“搅”一势，无论阴阳横直，无不为其所化也。

第四章

武当太极刀

武当太极刀简介

刀、剑、棍、枪等十八般著名冷兵器，作为中国武文化的代表符号，为国人和世界所熟知。刀术流派众多，古代谚语云：“刀走黑，剑走青（轻），枪如游龙。”其中刀走黑，指的是刀术刀法勇猛快速，气势逼人，也善于乘虚蹈隙，体现出智勇双全，刚柔并济的特点。刀是贴身近战的兵器，持刀者展现出威仪凛冽的“英雄气势”往往让人望而生畏。

武当太极刀又称太极十三刀，是太极拳械中的著名器械之一。它是以太极拳的方法、要求、风格、特点和应用来进行培训的刀术，吸取了我国古代单刀砍、剁、戳、画、刮、撩、扎、捋、劈、缠、扇、拦、滑等十三字诀进行攻击和防守动作。

武当太极刀一体两面，以太极为基础，以刀为体用。

刀的使用方法一般有两种，一种是面对实体，战胜实体，其基本的招式是“切割”。这是以自我为主，不管对象是什么，都只管一刀挥出，所谓“一刀切”。就此而言，刀刃的锋利是必须的，直白地说，就是极其锋利的刀，吹发立断是检验宝刀的常用方法。著名的例子是《水浒》里的“杨志卖刀”。而对挥刀速度的强调，则是用主体的力量（臂力）来置换客体（对手）的锋利。这都是只强调自我的技术，而不管客体（对手）的实际情况。另一种是对刀的使用，来自庄子的《庖丁解牛》故事。庖丁也许是中国最早的名刀客，他的刀是解构之刀，“这把刀随着主体分析思路（意念）而行动，它不切割这头牛占据的空间，它依照节奏和间隙的内在逻辑组织而行动。它之所以没有磨损，是因为它没有要求自己战胜骨与肉的厚度这种实体，而是刀在陈述（对手）身体的缺失和弱点，并且通过这种方式本身，依照己方自身的节奏（意念）解构对方身体。”这种刀法以对手为中心，需要认识对手，分析对手，因应对手，从而克制解构对手。从这点来看，太极刀理念与之完美契合。

武当太极刀，根据意念、气势和形体的结合，沾黏连随，变幻莫测，有非常强的技击性。武当太极刀演练中吞吐自如，舒展大方，动作朴素；同样也要理遵《太极拳论》，根据太极拳松柔为原则，舒展全体，开启经络，畅通血脉，心意先行，气血流注，进行用意不用力的锻炼。

立身中正，虚领顶劲，气沉丹田，含胸拔背，沉肩坠肘。两腿虚实分明，迈步犹如猫行，动作协调圆润，进退操纵得宜，上下相随，完整一气，一动无有不动，是中国武术锻炼的原则。武当太极刀锻炼时，身械协调，心牵意连，内外合一；刀随人走，人催刀行，手足轻捷，劲力通透，气势逼人。出手分阴阳，背刃分明，不论是劈、斩、抹、撩，还是砍、截、拦、挑，都要交代清楚，做到刀法清晰，没有丝毫含糊之处。演练武当太极刀，一招一式丝毫不能有强拗断离，浑身僵硬等现象。当你能够多角度轻灵打出气势的时候，你的刀路就丰富了，胜算自然也多。所以刀法对重心的控制要求很高，利用身势产生支撑，由骤然发力产生气势贯穿，是能以“势”为用，可凭借灵活身手在多种身势下打出所需。绝不能有违于太极拳松、稳、匀、缓、连要诀。此外，最好能懂得每一术式的技击意义，演练时有假想之敌，做到“有人当无人，无人当有人”，从而使精、气、神与眼、身、手、步、刀内外合一。这样练习日久，勤而有恒，自能克服强拗断离，不能顺势得力或姿势不佳等常见弊病，刀法、刀功、刀路、刀感自然的合而为一。

我的少林师父周荣江老先生早年教导我：“拳（刀）到身不到，草人打不倒。”说明了身法和气势的重要性。意在先，身在后，刀要紧随身法，这样武当太极刀才能打出黏沉劲来。武当太极刀的特点是简洁厚

重沉稳。练刀的时候要把太极刀想象成手臂的一部分，我们打太极拳要沉肩、坠肘、塌腕，打太极刀的时候也是一样，灵活运用身体的关节，不要直直地把刀劈出去。练习武当太极刀的时候，注意不要把力完全发出，好像写毛笔字的藏锋一样，对刀要有一定留白。力不可尽，势不可丢。是刀随身走，而非身随刀势。练习武当太极刀之前要先练好太极拳架，才能更好、更顺利地理解太极刀。

武当叶氏太极刀之气势

武当叶氏太极刀（简称武当太极刀），与武当叶氏太极拳一脉相承，如薪传火。武当太极刀保持了刀术套路矫健、勇猛的特色，但又要求动作沉柔和连贯，以内劲运行；在技法应用上，崇尚沾黏连随，后发制人，不尚硬砍硬拼，以力胜人的练法，练起来动作虽然缓慢柔和，但慢而不滞，柔中寓刚。姿势中虽有蹿奔跳跃，勇猛快捷的动作，但起伏转折，前进后退，左顾右盼，身法端正，步法沉稳，仍以太极拳之风韵与刀法相结合。

武当太极刀习练讲究气势，要求动作气势中正舒展，敏捷轻灵，动作衔接进退相随，开合相接，气势磅礴，大有“勇猛威武，气势自御”之意。与练习太极拳相同，武当太极刀的习练也要做到“八面支撑”，气势的神威不是咬牙瞪眼，努力使气，青筋暴露，鼓包起块，而是在行刀走势间神态安然，从容不迫，情绪安逸，充满自信，内在已包含了内气、内劲和内功。

然而在现代“武学”的标准中，“气势”往往被认为是一个虚幻、无形、不可琢磨的概念，并且被排斥在很多武术教材之外，不被一些人接受。其实，气势就是内在能量的一种呈现，通过外在的一招一式传递出来。任凭招式千变万化，唯独气势是天下武学之精要不变。

光復非常有幸拜读常学刚老师校点、王跃平老师编辑，由山西科学技术出版社 2006 年出版的古拳谱丛书第六辑之《少林枪法阐宗 少林刀法阐宗》，书中介绍少林长枪十八势、少林单刀三十五势。光復发现书稿中尽管招式名称各不相同，但少林长枪十八势的“势”出现 18 次，少林单刀三十五势的“势”出现 35 次，而其他枪术刀术的名称就出现一次，唯有“势”贯穿始终，由此可见古人武林前辈认为“势”的重要性！

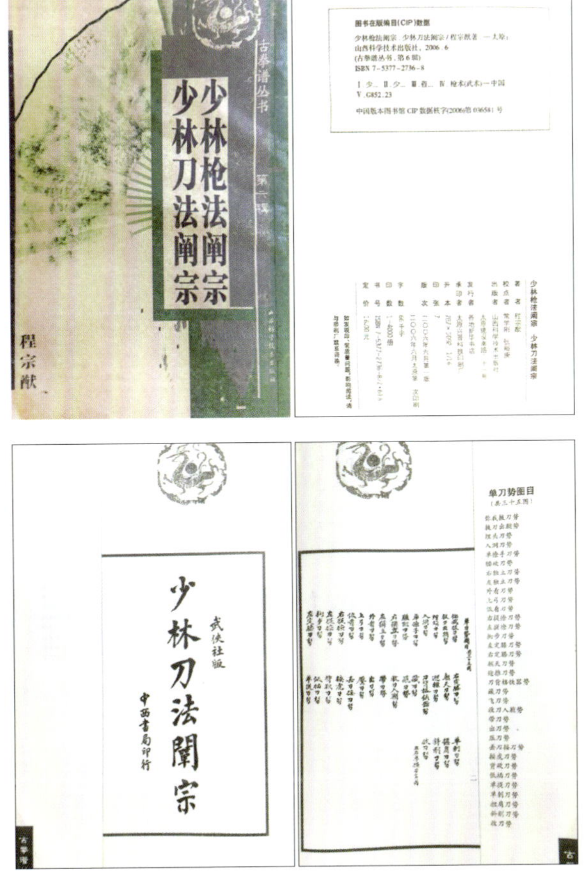

图书在版编目(CIP)数据

少林枪法阐宗．少林刀法阐宗/程宗猷著．—太原：山西科学技术出版社，2006．6
(古拳谱丛书．第6辑)
ISBN 7-5377-2736-8

Ⅰ．少… Ⅱ．少… Ⅲ．程… Ⅳ．枪术(武术)—中国
Ⅴ．G852.23

中国版本图书馆 CIP 数据核字(2006)第 036581 号

少林刀法阐宗
武侠社版
中西书局印行

单刀势图目
(共三十五图)

尽管少林与武当门派不同，而对“势”都非常强调，但对“势”又很容易被不少习练者包括武学老师所忽略，常常走入“只练招式，不重气势”的误区，本末倒置，一味追求演练的视觉效果，因而枉费工夫，丢失前人留下的宝贵精髓，令人惋惜。

在此不得不提醒各位同门对“势”要引起注意！

武当太极拳、太极剑、太极刀、太极棍、太极枪演练的第一式便是“起势”，这里值得注意的是：“起势”的是“势”，而非“架式”的“式”。一字之差，含义便相差万里。

还须引起注意的是：武当太极拳系列（拳、刀、剑、棍、枪等）中气势贯穿于整个架式的始终，架式是气势呈现的载体，两者总是相辅相成，互相推动，这便是以势领形的重要性。

气势，从力学上来看，是一种运动的趋势，只有做到了“势之所趋”，武当太极刀中势与势之间的运劲和转换才能做得更加圆转、灵活、轻松、自然，才会产生“势如破竹”之快意，“雄浑饱满”之气势。

武当太极刀刀谱

明代《王五公太极连环刀法》：劈、打、磕、扎、砍、搧、撩、提、托、缠、沿、抽、截13字，与杨澄甫太极刀法：劈、撩、砍、搧、割、划、拦、提、剁、格、拉、挂、推、刺14字，其中不重复者有：割、划、拦、剁、格、拉、挂、推、刺九字，而王五公之抽又包括于杨澄甫之拉，故实际总共只21字。

武当太极刀歌诀（叶大密）

七星跨虎交刀势　腾挪闪赚意气扬
左顾右盼两分张　白鹤展翅五行掌
风卷荷花叶里藏　玉女穿梭八方势
三星开合自主张　二起脚来打虎势
披身斜挂鸳鸯脚　顺水推舟鞭作篙
下势三合自由招　左右分水龙门跳
卞和携石凤还巢　吾师留下四方赞
口传心授不妄教　斫剁划截刮撩腕

武当太极刀十三势内容

七星跨虎交刀势

1. 起势
2. 上步七星
3. 退步跨虎
4. 左格右挂

5. 并步接刀

腾挪闪赚意气扬

6. 下拉上刺

7. 闪赚推提

左顾右盼两分张　白鹤展翅五行掌

8. 反身劈撩

9. 左右拦撩

10. 闪赚推提

11. 托刀亮掌（右、左）

风卷荷花叶里藏

12. 送鸟投林（刺）

13. 反身藏刀（拉）

玉女穿梭八方势

14. 左、右玉女穿梭（拦、刮、推、提）

15. 反身藏刀（拉）

16. 左、右玉女穿梭（拦、刮、推、提）

17. 反身藏刀（拉）

三星开合自主张

18. 上格前刺

19. a. 跳步上挺 b. 腋下藏刀 c. 并步提刀 d. 金鸡独立 e. 弓步上格

20. 风卷荷花（缠、劈）

21. 转身藏刀

二起脚来打虎势

22. 后挂前蹬（交刀）

23. 上步二起

24. 左右打虎势

披身斜挂鸳鸯脚　顺水推舟鞭作篙

25. 转身仆步

26. 上步前刺

27. a. 转身盘头藏刀（缠、拉 ） b. 独立托刀 c. 腋下藏刀 d. 并步提刀

下势三合自由招　左右分水龙门跳

28. 身正上推

29. 拦腰平推

30. 转身藏刀

卞和携石凤还巢

31. 卞和携石（交刀）

32. 退步跨虎

33. 抱刀还原

武当太极刀动作图解

蔡光復演练
武当太极刀

七星跨虎交刀势

1. 起势

2. 上步七星

3. 退步跨虎

4. 左格右挂

5. 并步接刀

腾挪闪赚意气扬

6. 下拉上刺

7. 闪赚推提

8. 反身劈撩

9. 左右拦撩

10. 闪赚推提

11. 托刀亮掌（右、左）

风卷荷花叶里藏

12. 送鸟投林（刺）

13. 反身藏刀（拉）

玉女穿梭八方势

14. 左、右玉女穿梭（拦、刮、推、提）

15. 反身藏刀（拉）

16. 左、右玉女穿梭（拦、刮、推、提）

17. 反身藏刀（拉）

三星开合自主张

18. 上格前刺

19a. 跳步上挺

19b. 腋下藏刀

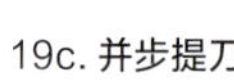

19c. 并步提刀

19d. 金鸡独立

19e. 弓步上格

20. 风卷荷花（缠、劈）

21. 转身藏刀

二起脚来打虎势

22. 后挂前蹬（交刀）

23. 上步二起

24. 左右打虎势

披身斜挂鸳鸯脚　顺水推舟鞭作篙

25. 转身仆步　　26. 上步前刺

27a. 转身盘头藏刀（缠、拉）　27b. 独立托刀　27c. 腋下藏刀　27d. 并步提刀

下势三合自由招　左右分水龙门跳

28. 身正上推　29. 拦腰平推　30. 转身藏刀

卞和携石凤还巢

31. 卞和携石（交刀）

32. 退步跨虎

33. 抱刀还原

第五章

武当叶氏太极拳内功

武当叶氏太极拳内功浅述

“外家”和“内家”的武功概念源于黄宗羲的《王征南墓志铭》。在金庸先生的《倚天屠龙记》里有一段话，介绍了“外功”和“内功”的区别和关系：“拳脚兵刃固可偷学，内功一道却讲究体内气息运行，便是眼睁睁地瞧着旁人打坐静修，瞧上十年八年，又怎知他内息如何调匀、周天如何搬运？因此外功可偷学，内功却是偷学不来的。”

“练拳不练功，到老一场空。”这也是各行各业都在讲的行话，在武术界则犹为重要。“功夫”是什么？怎么练？要达到什么标准？一直是追求者梦寐以求想要弄明白的事情。

“一层付出，一层收获；一层功夫，一层理解；一层境界，一层感悟”，练功者千万要记住。

一、对“功夫”的认识

“功夫”是一种我们日常生活中每天习惯的动作。做上成千上万遍、坚持数年的动作，就是一种功夫。

如北宋政治家、文学家欧阳修《卖油翁》中描述的老翁，把一枚铜钱盖在葫芦口上，慢慢地用油杓舀油注入葫芦里，油从铜钱孔注入而铜钱却没有湿。

如收录于《虞初新志·秋声诗自序》中的《口技》，写的是一场精彩逼真的口技表演，表现了三个场面：一家四口人由梦而醒，由醒而梦，火起后众人的慌乱惶恐，忽然醒木一拍，各种声响全部消失了，撤去围幕一看里面只有一个人、一张桌子、一把扇子、一块醒木。

如篮球运动员每天进行数千次投篮基础训练，几年下来，投篮的命中率十拿九稳。

凡此种种，皆是“功夫”的体现。

二、对“事物”的认识

“井鼃不可以语于海者，拘于虚也；夏虫不可以语于冰者，笃于时也；曲士不可以语于道者，束于教也。”——《庄子·秋水》

井鼃（蛙类）的世界只限于井，夏虫的世界只限于夏，之外便是它们的“无知”了。“无知”，在它们的意识中便是不存在，也就是“无”。但在人类看来，井鼃与夏虫认为的不存在却是存在着，无并非是无。人类知道，这是因为他们的感知系统受到了局限。

人类常以井鼃、夏虫相互讥讽，但人类也不例外，只是人类的井大了些、夏长了些吧。每一个感知系统都是有局限的，因此，人一样有自己“无知”的一面，也有自己意识中自我感知的无。

有着两千多年历史的传统中医经络疗法，曾经不被国内外专家学者所认可，其主要原因在于一些所谓的学术权威们认为中医的诊疗依据缺乏科学实验，以及严密逻辑论证基础的支撑。然而，随着科技的进步和认知的提升，中医的科学性和优越性开始全面体现，为大众所接受和重视。最近，美国科学家在 *Scientific Reports* 杂志中发表论文，宣布发现了人体内一个未知的“新器官”充满流体的“间质组织”，他们利用最新技术发现了一条“流动流体的高速公路”。这一新闻发布后，引起轰动，美国所有主流媒体、科技媒体全部为之振奋，国内媒体也进行了相关跟进报道。

以纽约大学为首的研究团队表示，这一新发现的质液网络遍布全身，它们所处的位置在皮肤表层下方：沿着消化道、肺和泌尿系统，围

绕动脉、静脉和肌肉之间的筋膜。很多学者认为，这大概就是中医的人体“经络”。研究人员解释称，长期以来，科学家在解剖过程中，无意识地破坏了间质组织的结构，当其中的液体被排空，放在显微镜下观察时，它们仅是一层简单的结缔组织，因此，人们从未意识到它们的存在。

三、如何练好内功

“大道至简”，其实所谓的“内功”很简单。“外练筋骨皮，内练一口气”，能将一呼一吸练好就是所谓的内功。切记，人的生命是靠呼吸维持的。很多练内功的老师，一辈子都没有把太极拳的呼吸练好，却在教授学生练内功，实难使人信服！

只要有缘分、有福气遇到真正的明师，练好“内功”的方法是非常简单的。在掌握正确的方法后持之以恒，坚持五年到八年以上，一定会练出真正的内功。内功是锻炼身体内部器官的一种方法，并非一定是金钟罩、铁布衫之类的护体硬气功，练好内功后也不是刀枪不入，但内功确是百功之宗，武学之根基。很多师父在将好的功法传授给学生时，有些学生不理解、不珍惜、不相信，没有敬畏心，对老师不尊重，从而错失了宝贵的学习机会。

能否学到内功的训练方法，还取决于习练者的品德，“习武先习德”。中国人最注重的是仁义礼智信，“一日为师，终身为父”，极注重对师长的尊敬。古代有天、地、君、亲、师的提法，把师同天、地、君、亲相提并论，说明了老师的重要地位，只有尊师爱友、虚心好学的高尚品德，才能师徒融洽，学习提高。谦虚对习练者非常重要，满招损，谦受益，天外有天，人外有人，只有谦虚，不骄不躁，才能保持不断学习、不断进取的心态，才能获得更高的造诣。人若胜我，则敬重之，不可有傲忌之心；人若不胜我，则谦待之，不可有轻薄之意。这才是习练者应有的胸怀气度。

武当叶氏太极拳与五行、经络、八卦的关系

太极拳是以中国传统儒、道哲学中的阴阳辩证理念为核心思想，结合易学的阴阳五行之变化、中医经络学、古代的导引术和吐纳术形成的一种内外兼修、柔和、缓慢、轻灵、刚柔相济的中国传统拳术。

太极拳在发展过程中，演化出许多支派，然太极十三势始终是众多支干的本体与源头。这里浅谈太极拳十三势与五行、经络和八卦的关系。

太极十三势亦是根据锻炼人体八脉的需要所编，而八脉又内连五脏，整个套路内含五脏八脉，外有五步八法，兼之攻防十三组合，融合道家养生丹术，故谓“太极十三势”。

太极十三势与五行、经络

太极五步是太极十三势中的五种步法，脚踩五行就是指进、退、顾、盼、定五种步法。五种步法对应着人体经络脏腑的有关窍位，同时也对应着五行，即水木火土金。

1. 前进在五行中属水，方位正北，人体对应是会阴穴。此穴属肾经（图 5-1）。

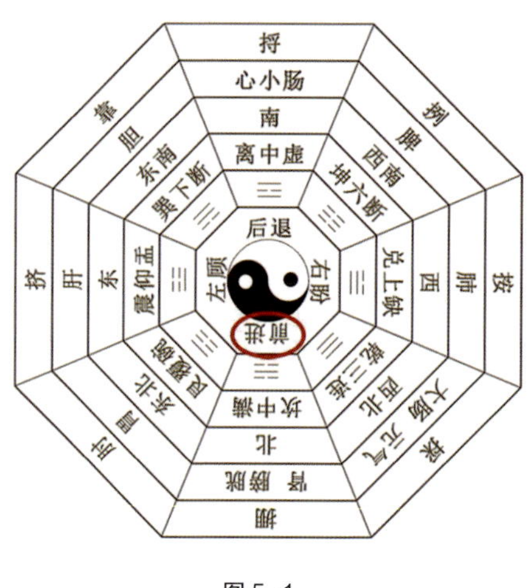

图 5-1

2. 后退在五行中属火，方位正南，人体对应是祖窍穴。此穴属心经（图 5-2）。

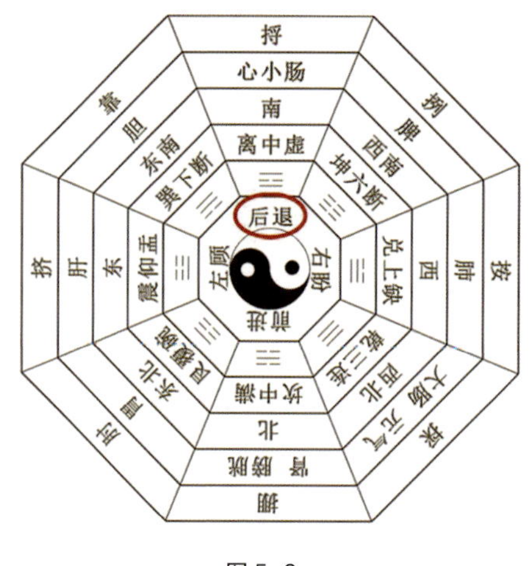

图 5-2

3. 左顾在五行中属木，方位正东，人体对应是夹脊穴。此穴属肝经（图 5-3）。

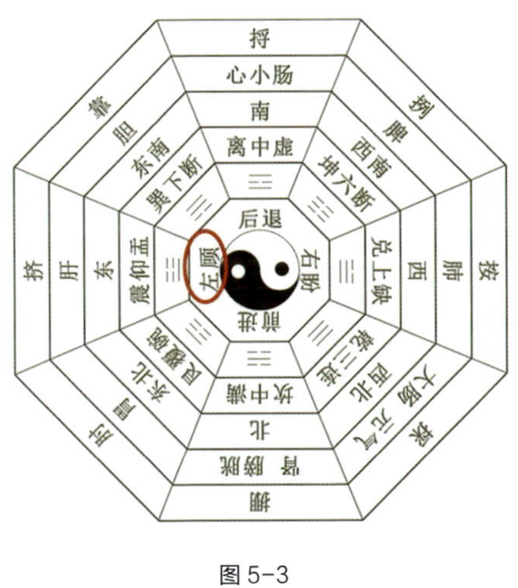

图 5-3

4. 右盼在五行中属金，方位正西，人体对应是膻中穴。此穴属肺经（图 5-4）。

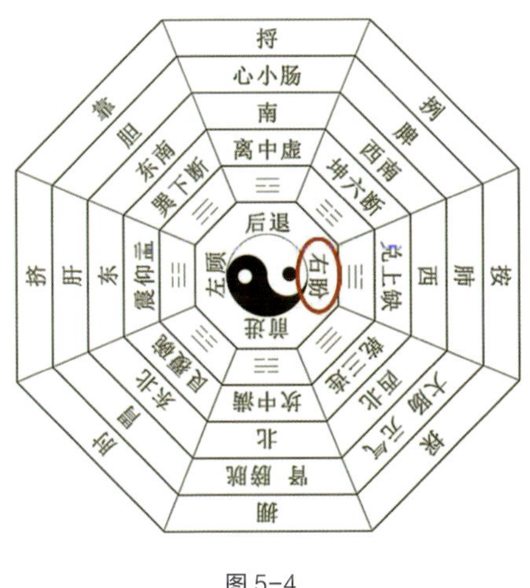

图 5-4

5. 中定在五行中属土，方位正中，人体对应是丹田穴。此穴属脾经（图 5-5）。

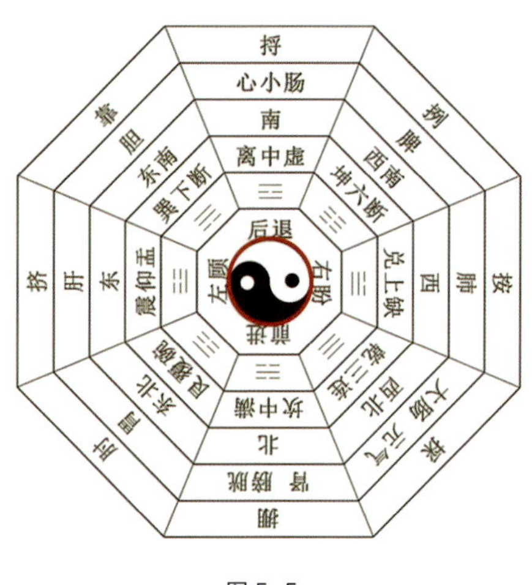

图 5-5

附：五行分类

五行学说对万事万物的归类，完全依据“天人相应”的全息思想，是指导习练传统养生气功的核心。

五行	木	火	土	金	水
八卦	震巽	离	坤艮	乾兑	坎
五季	春	夏	3/6/9/12	秋	冬
五方	东	南	中	西	北
五气	风	暑	湿	燥	寒
五色	青（绿）	赤（红）	黄	白	黑（紫）
五味	酸	苦	甘	辛	咸
五数	3	2	5	4	1
五体	筋膜	血脉	肌肉	皮毛	骨髓
五官	舌	眼	鼻	口	耳
五脏	肝	心	脾	肺	肾
六腑	胆	小肠	胃	大肠	膀胱
五常	仁	礼	信	义	智
五情	怒	喜	思	悲	愁

太极十三势与经络、八卦

八法谓之：掤、捋、挤、按、採、挒、肘、靠。

八法所属卦象并经络脏腑如下：

1. 掤。八卦中是坎卦，坎中满。

方位正北，五行属水，人体对应是会阴穴，属肾经（图 5-6）。

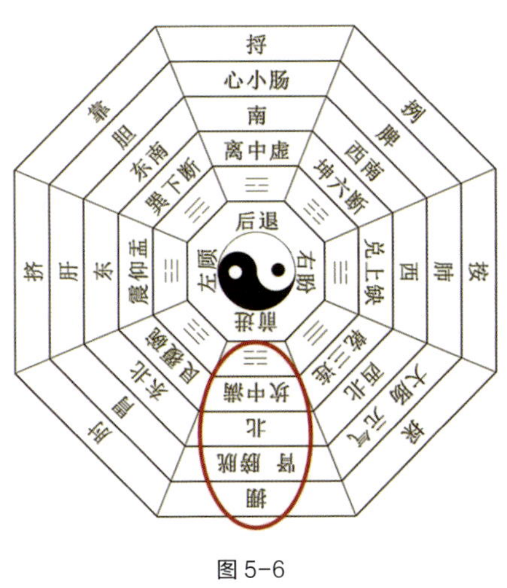

图 5-6

2. 捋。八卦中是离卦，离中虚。

方位正南，五行属火，人体对应是祖窍穴，属心经（图 5-7）。

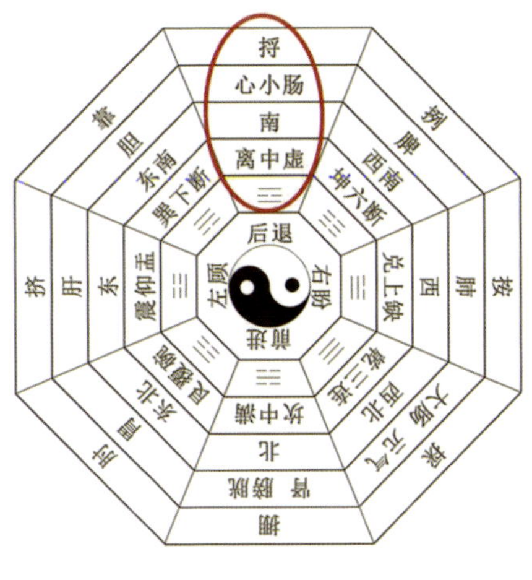

图 5-7

3. **挤。八卦中是震卦，震仰盂。**

方位正东，五行属木，人体对应是夹脊穴。属肝经（图 5-8）。

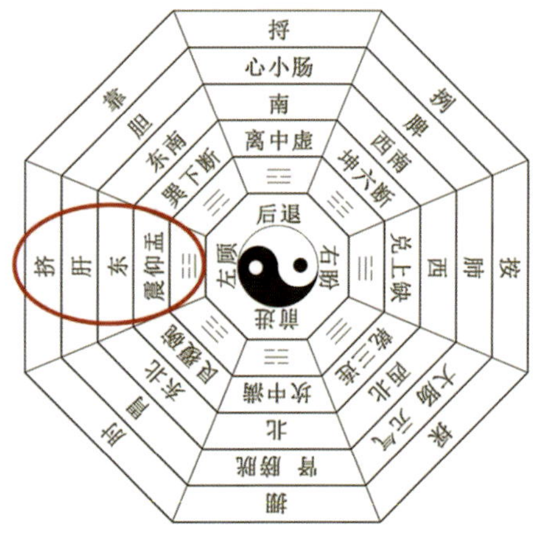

图 5-8

4. **按。八卦中是兑卦，兑上缺。**

方位正西，五行属金，人体对应是膻中穴，属肺经（图 5-9）。

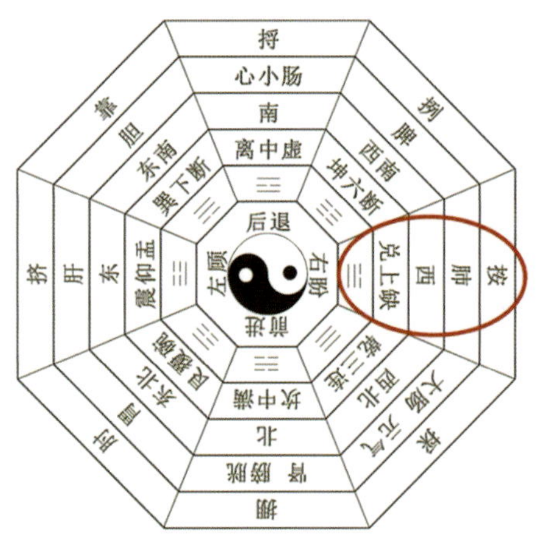

图 5-9

5. 採。八卦中是乾卦，乾三连。

方位隅西北，五行属金，人体对应是性宫和肺俞两穴，属大肠经（图5-10）。

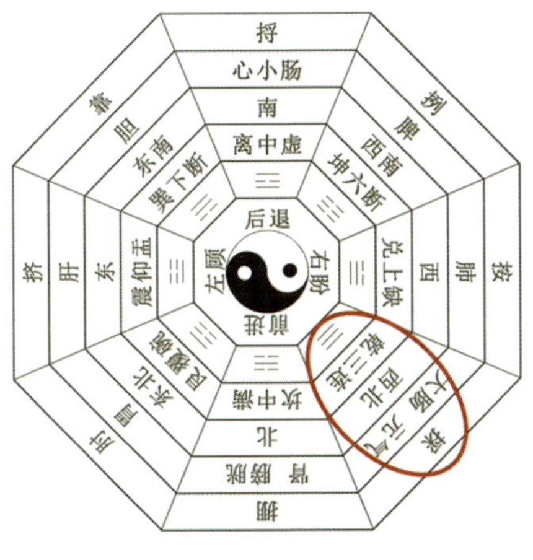

图 5-10

6. 挒。八卦中是坤卦，坤六断。

方位隅西南，五行属土，人体对应是丹田穴，属脾经（图 5-11）。

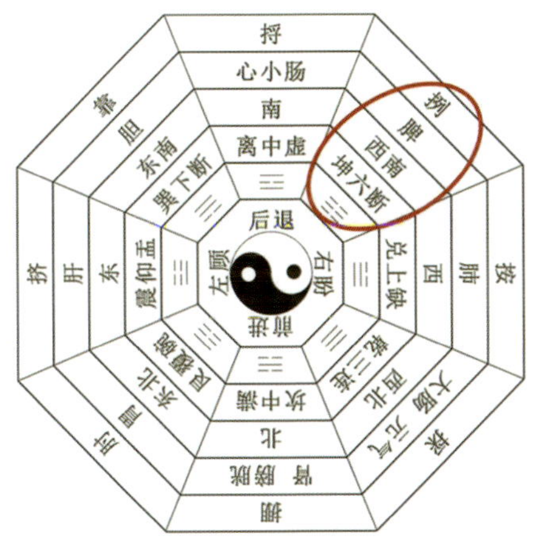

图 5-11

7. 肘。八卦中是艮卦，艮覆碗。

方位隅东北，五行属土，人体对应是肩井穴，属胃经（图 5-12）。

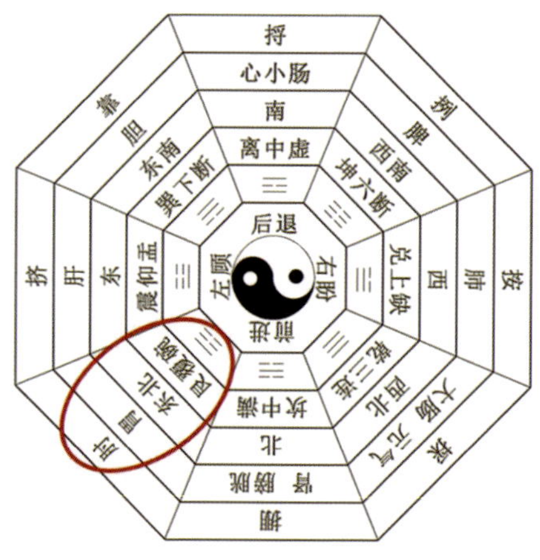

图 5-12

8. 靠。八卦中是巽卦，巽下断。

方位隅东南，五行属木，人体对应是玉枕穴，属胆经（图 5-13）。

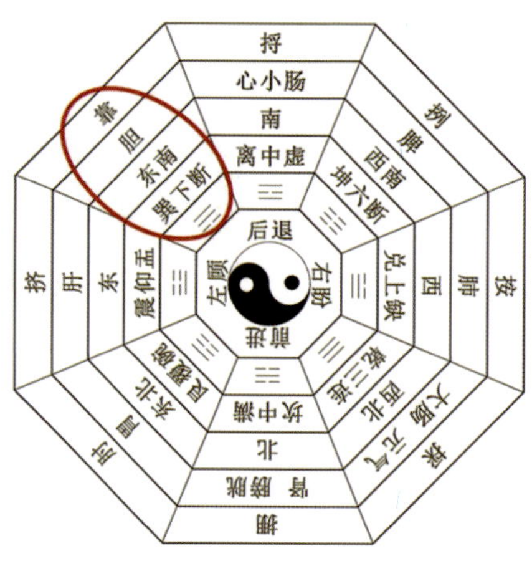

图 5-13

作为一个太极拳的教练和学生，必须要简单的地学习和了解一点中国传统文化经典学说——易学，以及人体结构、五脏六腑、阴阳五行。根据自己的具体情况来学习太极拳。而千万不能因对太极拳的不了解而误解、误导、误传太极拳的真正含义。

太极拳归纳于文化，极致到艺术，集武术、养生、传统文化三大内涵于太极十三势中。在训练过程中，每个人因生命体质差异、功夫层次不同，认知体会亦有不同，但大原则不会变，十三势为太极拳母，传统文化为太极拳之根，大道至简，养性延命。其中奥妙唯练者感知，非语言文字可以解释清楚，故也只能抛砖引玉，邀大家一同探讨。

武当叶氏太极拳无极桩

武当叶氏太极拳锻炼有三大内涵：无极桩、拳架、推手。

无极桩是静功，《素问》首卷论曰："恬淡无为，敛神内守。盖以静功调养真气。"所谓静功，"是以站、坐、卧等外表上静的姿势配合意念活动和呼吸方法的一类功夫（其中意念活动包括如何修德练性，如何意守，如何导气等）。特点是外静内动，静中有动。

拳架锻炼是动功，是将意念活动、调整呼吸的方法与肢体运动结合起来，行拳走架时力求动作轻灵柔和、舒展大方、上下贯通、刚柔并济，以期外动内静，动中求静，以调身导引为主。

推手也称打手、揉手、擖手，王宗岳在《打手歌》中这样写道："掤捋挤按须认真，上下相随人难进。任他巨力来打我，牵动四两拨千斤。引进落空合即出，沾连黏随不丢顶。"可见，推手与太极拳拳架套路是体与用的关系，互相补充，相得益彰，更是检验太极拳锻炼者是否达到"用意不用力""四两拨千斤"的标准。

本章节重点介绍无极桩。无极桩作为太极拳内功重要的桩法之一，被历代拳家认为是太极拳的根基。拳理说："太极者，无极而生也。"练习此桩时身体处于高度松开状态，意形合一，阴阳相济，无形无象，是一种平衡和谐的内在运动。

站桩是一种姿势，这种姿势能调动全身的气机，促进气血的流通。站桩既能保养身心，又能锻炼形骸；既是能健强脑力、增长体力的基石，又是帮助太极拳习练者更深刻地体悟太极拳的便捷之门。太极十三势的中定就是站桩。站桩也是练就中定的最佳途径之一。各门各派都有站桩的修炼内容，且都将其列为最重要的基本功。

一、历史背景

本章节介绍的无极桩可追溯为杨氏太极拳的秘功。昔日，太极宗师杨露禅走遍大江南北，无逢敌手，其功夫就来自“无极桩”。历史上无极桩都是师徒相传，且属秘传。种种缘分之故，杨澄甫老师将无极桩传叶大密老师，叶大密老师传弟子蔡松芳。1959 年，蔡松芳老师征得叶大密老师同意，将所得秘传公之于世，公开教授无极桩。无极桩功显著的健身及治疗慢性疾病的功效，使其在广州地区及东南亚一带迅速普及，惠人无数。当年蔡松芳老师在广州教学时，笔者便赴广州向蔡松芳老师学习无极桩。1982 年冬，何基洪老师亲自带笔者去蔡松芳老师在上海怡安坊的住所，拜蔡松芳老师为师，习练无极桩。每每想此，对何基洪老师心怀感恩。

蔡松芳是叶大密老师无极桩的嫡传弟子，时代在发展，蔡松芳老师被公认为是武功、品德兼备的太极奇才，他打破门派的偏狭和国界的界限，是无极桩公开向社会大众推广的第一人，把好功夫毫无保留地传授给各方人士，使无极桩从武术家的庭院走向社会民间，其价值从此被全社会广泛重视和关注，造福无数人。

“入门引路须口传”，无极桩内涵广博深奥，应在老师言传身教的指导下循序渐进地习练。目前绝大多数太极拳习练者都是在肢体上研究太极拳，殊不知 “无极桩”是太极拳锻炼的核心，所以锻炼太极拳必须要从无极桩着手。

天地是个大宇宙，人体是个小宇宙，人体的法则遵循天地的法则。天地之间清气上扬，浊气下沉，人体之内也应该清气上升，浊气下降；

天地之间上虚下实，人体之内也应上虚下实。人在年轻时，上焦比较轻灵，下焦比较实。上焦是指心与肺，下焦是指肝与肾。上虚下实，元阳充足，头目清醒，人就充满了活力。就像晴朗的天空一样，天上风轻云淡，地面绿树成荫。然而，到了老年，人会渐渐地变为下焦虚，上焦实。“下虚上实”，头重脚轻，人就会昏昏沉沉。所以，中医认为“上虚下实”是身体健康的标志，“上实下虚”则是病态的表现。人为什么会“上实下虚”呢？这是因为气的流动不通畅，气都集中在了上部，不下降了，上面实了，下面当然虚。如何改善这一现象？方法之一就是站桩。

“万动不如一静，万练不如一站”。站桩、站桩，关键是对“桩”字的领悟与锻炼。而多数人多在“站”字上下功夫。练了很长时间没长进。

桩就是要让身体的脚要有生根之感。你一动不动地站在那里，要有顶天立地之感觉，头顶天，脚踏地，脚下有了根，体内的气才会自动地逐渐回归原位，该上升的上升，该下降的下降，清气上升，浊气下降，时间一长，身体就恢复到“上虚下实”的状态。这就好比一杯浑浊的水，你越搅动，它越浑浊，你让它静止不动，轻的东西就会往上浮，重的东西就会往下沉，不一会儿，你就能看见一杯清澈见底的水。

站桩的目的就是让身体重心下降，使下面充实。下面充实了，肾精就会充实。肾精充实了，气血运行通畅，心肺之气下降，肝肾之气上升，这样一来，人就进入了“上虚下实”的状态，就能健康长寿。

千百年来的实践证明，站桩是补充元气的最好方法之一。元气充满以后，人就会身强力壮，具有抵抗疾病的能力。许多身体健康的人长期站桩，他们都享有高寿。而一些体弱多病之人，通过站桩，一样从中获益。

站桩不仅可以疏通经络，调和气血，使阴阳相交，加速新陈代谢，还可以加强各内脏器官以及细胞的功能，对许多慢性病都有很好的疗效。

站桩要点在于符合太极拳要求：“内外兼修，以内为主”。

其一，全身各关节松开（不仅仅是放松），然后腰间命门处微微拎起，腰上挺，感觉如腰拎着手脚和全身。

其二，全身重量不要压在膝盖、小腿和足踝。

其三，上下三点成一直线（图 5-14）。

拳谚：“要知拳其髓，首由站桩起”“要把骨髓洗，先从站桩起”。

百会、会阴、涌泉（两脚涌泉的中心点）。

百会、大椎、会阴。

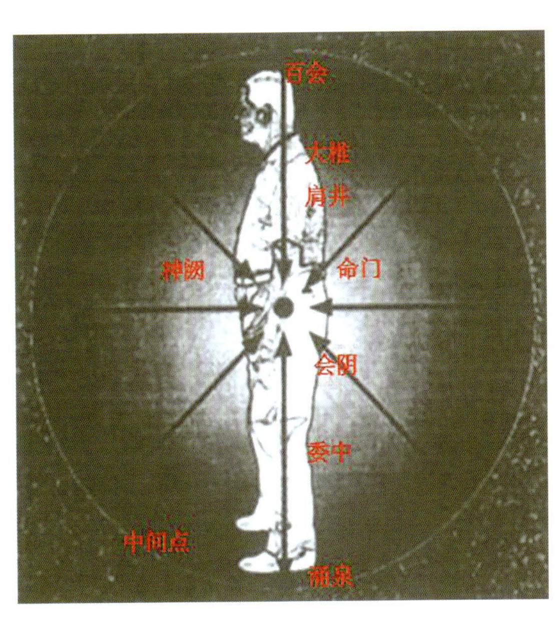

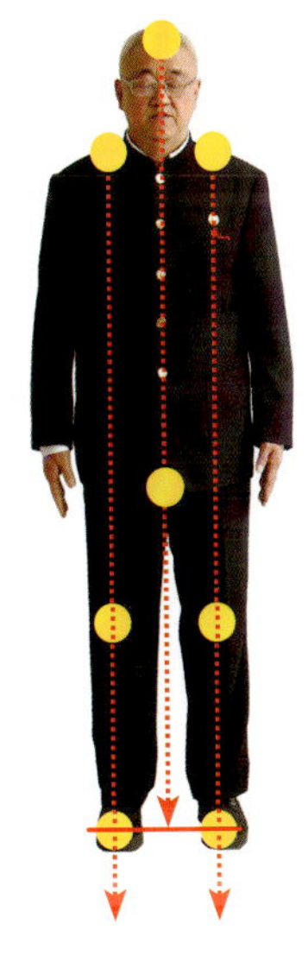

百会

肩井

会阴

委中

涌泉

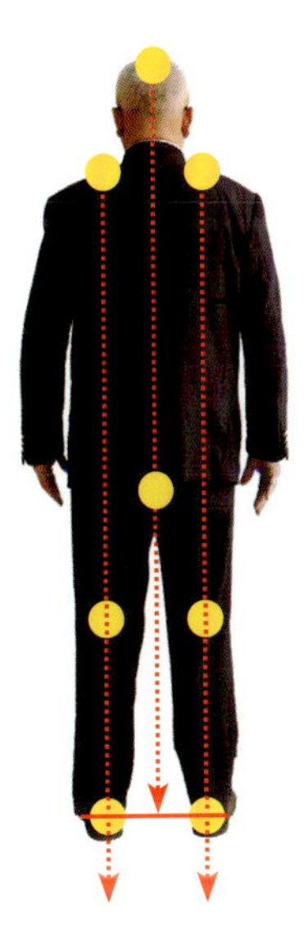

上下三点成一直线

图 5-14

肩井、委中、涌泉。

上下三点成一直线。本书无极桩更要求三条直线，中间一条就是人体的中脉，练通中脉也就进入“意气通畅”的大门。通过几年的锻炼，全身逐步做到“松、空、灵”。

二、无极桩练功要诀真传

无极桩真言

人站乾坤球，混化显灵通。
脚立两极鱼，阴阳自归元。
自生昊明日，神光遍大千。
欲饮长生露，造化千千年。
身中藏天地，地天两相连。
人顺天地意，寿延百千年。
若悉玄窍功，颠倒乾坤置。
明光元神复，位列瑶池仙。

以上 16 句无极桩真言，是蔡松芳老师单传香港黄万凯师兄，黄师兄单传香港钟卓垣师兄，钟卓垣师兄再传给嘉兴蔡光復。为弘扬无极桩，为了对练无极桩的人员有所帮助，今已得黄万凯和钟卓垣二位师兄的首肯，同意将其首次公开，载入《武当叶氏太极拳·无极桩训练》这一章节中，以供同好参考。

三、无极桩训练方法

（一）调身

“太极是中国的传统文化，具体表现是一个气场的概念。而太极拳

蔡松芳老师弟子香港钟卓垣与蔡光復合影

锻炼是通过意、气带动骨肉产生一种势的运动。”

放松也不仅仅是全身松沉，而是需要全身松开，这一字之差，谬之

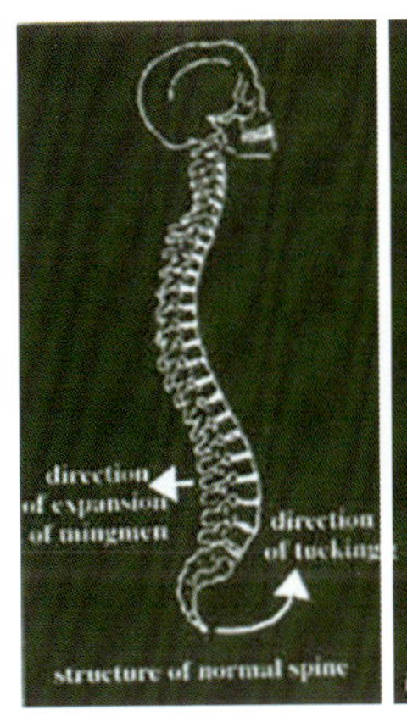

图 5-15.1 正常普通人

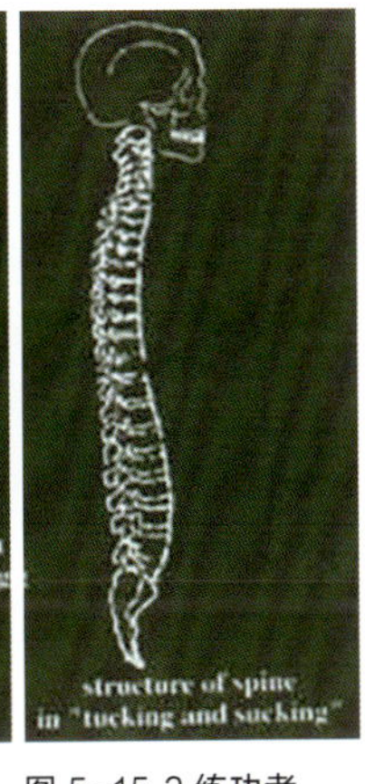

图 5-15.2 练功者

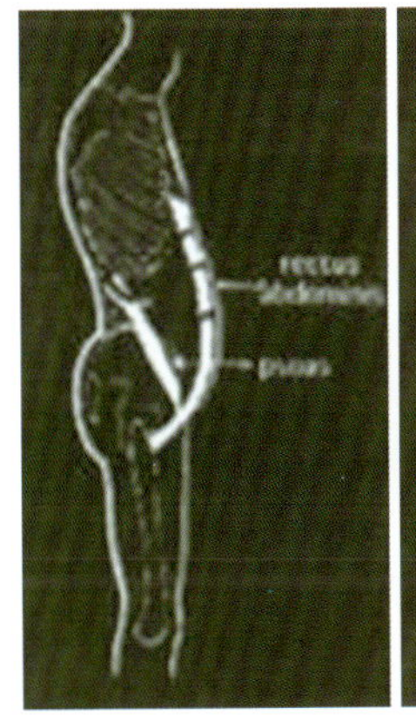

图 5-16.1 正常普通人

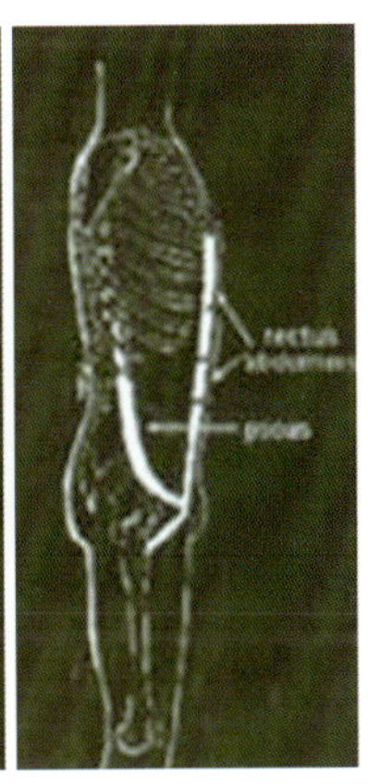

图 5-16.2 练功者

千里。在全身松开的前提下要练全身无挂力、无僵劲、无支点，渐入均匀状态。

全身松开（腰部命门处微微拎起），要从头顶百会穴开始轻轻地往下松、空，一直松、空到脚趾、脚跟。

接着，轻轻地闭着眼，目光内视从百会穴头顶皮层里面开始一层一层慢慢地往下看，业内称之为“内视返窥”。每往下看一层，感觉空一层，

然后一层一层看下去、空下去，一直看到脚趾，空到脚趾。

感觉身体好像是瓶子里装的水慢慢地漏空一样，但人体的外部感觉犹如一个气球，或一个放大的空壳，而里面感觉则是通体空透。

此时，丹田应该是空松的。前辈要求：**"炼气不存气，炼意不存意，练劲不存劲，炼血不存血。"丹田四不存为上乘功法。**

太极拳的无极桩锻炼与其他拳种的修炼方法截然不同，它不主张一开始就去练劲，更不是通过刚性锻炼和增强肌肉的韧性来增强力量。恰恰相反，它要求锻炼者全不用力，而是在"用意不用力"的锻炼中去找松、柔的感受，找虚无的气势，找神明的感知，找莫测的变化。

太极拳无极桩的"松"，是周身内外之松，关键是意念支配自身的肢体。在意念的虚领下节节松开，使得人体每一个部位，通过轻轻地有序不乱地放松，连绵不断地舒展，渐渐改变身体部位僵硬的状态，进而柔化成柔而不软，坚而不僵，轻灵、稳健的状态。松是指锻炼者一个无限追求的过程。**松而不散，松而不乱，松而不丢。松中有精神，松中有气势，松中有能量（精、气、神），这是练"松"的关键所在。**太极拳无极桩锻炼必须保证人体自始至终在"松"的运行过程中完成一系列的动作。这就是太极拳"松"的运动真谛。

（二）调心

生命包括精神魂魄，是形神兼备的。形体是精神魂魄的载体，而精神魂魄又是形体的生命表现。调心作为精神意识的活动，对自我精神意识、思维活动进行调整和运用，以达到练功的要求和目的。

首先调整好身体的每一个部位，都要松开，然后将身体内部全部放空，感觉只有身体外壳。有了这种感觉，再将这种身体外形的感觉放大，身体好像一个空心的气球接触周围的所有物体。首先是虚其心、实其腹，经过一段时间的锻炼，最后腹部也要放空放松。

目光内视，将身体内部全部放空的同时，用意念将身体的外壳感觉向四周放大，内部空间也随着外部的放大而越放越大。

身体内部好像没有一点杂物，如泉清河静一般。能练出这种感觉，无极桩就达到高级境界了。

（三）调息

呼吸一般分为胸式呼吸、腹式呼吸、混合式呼吸。呼吸是一种自然现象，不要追求很多不自然的东西，应该顺其自然。气蓄在中丹田，这不是最佳方法（丹田四不存）。在锻炼调息过程中，必须有好的老师在旁指导，从而达到“恬淡虚无，真气从之”。

“气”在中医（传统文化）范畴的含义：

父精母血之气（先天之气）、五谷精微之气（后天之气）和宇宙大自然无极之炁：三者之气的综合运用才能在锻炼太极拳时产生气势。

“有物混成，先天地生。寂兮寥兮，独立不改，周行而不殆，可以为天下母。吾不知其名，字之曰道。”——老子《道德经》

“形而上者谓之道，形而下者谓之器。”——孔子《易辞传》

道是形而上的，道系宇宙万物之母，到处流动不居之物，看不见之物的流动作用赋予万物生命，流动而看不见的作用称之为气。

气是构成人体的基本物质，气的运动变化构成人的生命活动。

“人之有生，全赖此气。” ——《景岳全书》

“气聚则形成，气散则形亡。”——《医门法律》

“夫人在气中，气在人中，自天地至于万物，无不须气以生者也，善行气者，内以养身，外以却恶。然百姓日用而不知焉。”——《抱朴子》

生命离不开“元炁”。

元气是个深奥的概念，如何养元气、培补元气，更非三言两语即可说透。董洪涛先生《冶病首在保护元气》一文，要言不烦，深入浅出，对于如何培育元气，多有精辟之论，特择其要者转述如下。

“从形而上的角度来看，元气是生命的根本。元气源自先天，主宰着我们的生命与健康。若从形而下的角度来看，则元气根本不存在。”

“机体首先必须是物质的，但生命还包括精神魂魄，这是形而上层次的。因此说，生命是形神兼备的，形体是精神魂魄的载体，而精神魂魄又是形体的生命表现。”

“元气源自先天，敛藏于肾精之中，平时会缓缓释放，以维持正常的生理功能及百年寿命。若元气迅速大量释放，我们会有痛快舒畅感。比如，吸毒后的飘飘欲仙感；性高潮后的畅快淋漓感；运动超过极限后的活力充沛感，等等，这都是元气发动并通行周身经脉的反应。以暂时的快感换取元气的过度释放，殊为不智。”

“关元穴又名丹田，为人生阴阳元气交关之处，能培固肾阳，壮益宗筋。脐为先天之蒂，内通元气。肾为先天之本、元气之根，内藏相火，主生长、发育、生殖。善养生者，需重视养肾。”

“元气源自先天肾精，难以补充，能不过泄就是补。减少元气过度消耗的方法包括以下几个方面：减少性生活、按时睡眠、心态祥和、远离怨恨恼怒烦及贪嗔痴、饮食清淡、修身养心、提高道德操守等。元气为寿命之本，健康之根，若元气虚败，则根本动摇。凡猝然死亡或百病由生，或寿命将尽，或久治乏功，归根到底都是元气之不足。元气源自先天肾精，易耗难复，且多损自后天，身心不修、道德沦丧是为损害元气的首因。元气若亏，纵良医国手亦回天乏术，只能调养脾胃，以冀扶起后天之本，略可缓解病情。”

（四）桩功

1. 要点

（1）身体中正松静站立，两脚分开与肩同宽，脚尖向前，也可以略呈内八字，两膝微屈，但膝盖不能受力，膝不要超过足尖，这样不伤膝盖。

（2）身体的重心可以根据各人的情况稍微略倾于前脚掌或脚后跟都可以。整个脊柱正直，有一种顶天立地的感觉。

（3）头部往上顶，下颌微收，仿佛要把喉咙给“藏”起来似的。

（4）肩膀放松，小臂自然下沉，两手自然下垂，身体放松，体察全身内外放松程度；睁眼、闭眼随意。

2. 练法

无极桩大致上可分三步，循序修炼。

第一阶段：

自然站立，想象面前是潭静水，两脚平行分开，与肩同宽，全身自然站立，身体中正，气血贯通。两肩松开微前合，两手下垂，腋下自然留有余地，手指自然松开，中指轻贴两腿外“风市穴”（初学者两手可任其自然下放）。两眼向前平视，视线从远处收至眼前一尺许后轻轻闭目，或留一缝也可。自然呼吸。

站定后，从上而下脊椎节节调整放松，使之节节松开，最后到尾骶骨，舒通畅快。颈部自然放松，下颌微含，面带微笑，舌尖顶住上腭，且流出津液，称为金津玉液，可分三次自然咽下。

要点

（1）身心形合一。头部要正直虚领，做到“三点一线”。在“三点一线”的练功条件下，要求（上轻—中敛—下重）：

① 精神安静；

② 中正放松；

③ 呼吸自然。

这是“身心形合一”的练功方法。

（2）天地人合一。练功还要求（上浮—中柔—下沉）：

① 下与地心磁场相接，承大地浑厚之势；

② 上与宇宙大气相应，接上天浩然之气；

③ 中与身体内气相动，运人身之精气神。

这是“天地人合一”练功方法，**达到呼吸平衡**。三条线平行，达到松静自然，物我两忘的最佳状态。

第二阶段：

呼吸深长细匀。在修养有素的老师指导下，锻炼者通过一段时间(6个月以后)由正常每分钟呼吸12次逐渐变化，达到每分钟8次、6次、3次、1次，逐步做到呼吸深长细匀。意念要求：以一念代万念，如持念“阿弥陀佛”(a mi tuo fo)，或念六字真言“唵嘛呢叭咪吽”(ong ma ni bei mei hong)，让身心渐渐入静。

第三阶段：

身体气血通畅，脚底涌泉穴和大地连接，达到身体内的气血流畅。

武当叶氏太极拳无极站桩秘诀在于：“三五三齐”。

“五趾齐地”：人体的重心调整在脚底涌泉，而五个脚趾要轻轻地贴住地面，既不能翘，也不能抓。

“五心齐意”：即两脚心涌泉穴、两手心劳宫穴和头顶百会穴，均要有意贯注。

“五指齐气”：即两只手的五个手指都要均匀地有气贯到。

下面是武当叶氏太极拳无极桩秘诀两足连环的练习图（图 5-17）。

（五）意念训练

调身、调心、调息、桩功训练都必须要用意念来指挥，才能达到效果，而意念训练必须要有明师来辅导。意念到底是何物？

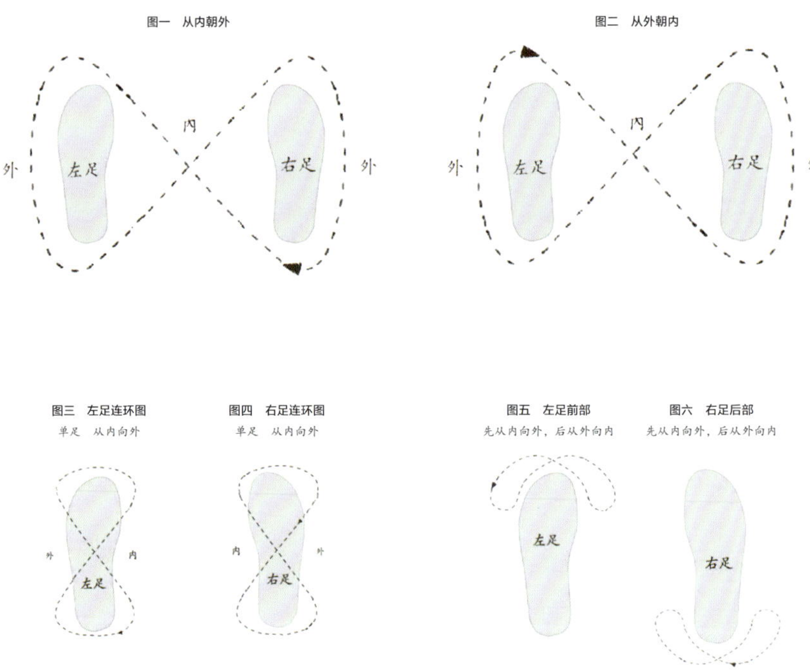

图 5-17

意念与力量的区别

意念：与性别年龄基本无关，不分男女老幼、身体强弱均可习练。通过意念的训练，气势会越来越浓厚，动作反应会越来越灵敏，意念也会越来越强，作用越来越大。

力量：力的大小因人而异，与性别、年龄有关，通过锻炼达到各自的极限后便很难提高，而且随着年龄的增长，力量会越来越小。

意念：无形。是通过人体大脑思维发出，产生意念到达对方身体之物质。具有穿透性，意念能渗透到对方机体内部某一点或某一部位，似一枚针灸的银针进入人体内部，所产生的作用，难以抗拒。

力量：有形。是通过人体肌肉紧张运动，由身体某个部位发出，到达对方身上的力量。作用在对方机体表面某个部位，受力面或纵向或横向，对方可用同等的力量抗衡。

意念：类似闪电，迅疾、领先，作用在内部。意念与意念的交接，是一种人与人之间思维、意念、艺术的较量。

力量：类似雷声，较慢、滞后，作用在表层。力量与力量的抗衡，是人与人之间速度快慢、技巧精拙、力量大小的较量。

“意念是一种意识波，意念可以改变身体，意念可以产生一切，其力量的强大是不可思议的。”——《意念力的概念》

现代量子力学家发现，人的意念能够支配物质现象。我们的身体就是物质现象，我的意念好，我的身体就健康。

一念一世界

我们的每个意念都负荷着不可思议的能量，这些能量会透过各种形式实践自己。

你的思想会造出疾病，也能治好疾病；你的思想能让你陷入痛苦，也能让你离苦得乐。千万不要小看一个小小的念头，你的任何“动心起念”都可能改变整个世界。

引力波

科研人员2016年2月11日宣布，利用激光干涉引力波天文台(LIGO)，首次探测到引力波（也称重力波）。

当两个黑洞于约13亿年前碰撞，两个巨大质量结合所传送出的扰动，于2015年9月14日抵达地球，被地球上的精密仪器侦测到，证实了爱因斯坦100年前所做的预测。

附：蔡松芳老师写给金仁霖老师的回信

仁霖兄：

来函及所附稿件序言都已收到。中山大学物理系对弟进行“引力波测定”，是离开测定仪器做的实验。在几个气功师中，我的功率最大。前几天又做了长波、电磁波测定，也是我最大，且超过了仪器的记录数据50，未发功时为14，故很引起人们的兴趣。因此打算再试电磁短波、光波、粒子流等多种试验。

谨祝新春愉快

乙丑春 弟蔡松芳顿首

四、无极桩的功效

无极桩是练太极拳的基本功，是以“静”站的运动形式作为锻炼、保健和医疗的方法，以期达到健身养生、祛病延年的目的。无极桩还是一种意气结合的放松功，养气、行气兼练。其锻炼方法是精神、形体、气息三者有机地结合，其形态特点是身体保持中正，上下“三点”（百会—会阴—两涌泉连线的中点）对正成一直线，外观其静如山岳，但内气运转却动若江河。

习练无极桩有以下主要功效：

（1）扶助正气，调和脏腑。

练无极桩时，一个显著的效应是唾液源源分泌。舌下“金津”“玉液”

隶属奇穴，当舌系带两侧静脉上，左为“金津”，右为“玉液”。唾液是人的五脏精华随脾气上升所产生的，古人称之为甘露或金津玉液。李时珍在《本草纲目》中对唾液的作用有过精辟的论述。

现代医学证明，练无极桩时，横膈的升降有助于消化，而站桩产生的唾液含有大量的人体必需的消化酶、唾液淀粉酶、免疫球蛋白等唾液腺激素，有抗衰老和增强人体免疫功能的作用。

正气是人体健康的源泉。中医认为：“邪之所凑，其气必虚”“正气存内，邪不可干”。慢性病多数病程长，皆因邪气由表及里而成沉疴痼疾，所谓“久病必虚”。无极桩治疗慢性病主要是扶正祛邪，而正气抗邪是从里出表，由内向外。无极桩治病效果显著的原因就在于此。

无极桩扶助人体的正气是通过调和脏腑，尤其是增强脾肾的功能而达到。“肾为先天之本”，组成正气的先天精气由肾收藏和输注，肾的功能增强了，可以激发和推动其他脏腑的功能；“脾为后天之本”，组成正气的后天精气来源于水谷（饮食）入胃，由脾化生精微运至五脏。中医有“百病先培土（脾胃）”的说法，练无极桩可使脾气健旺，化源充足，脾气升发则元气充沛。脾肾关系到人体正气的盛衰。人的脏腑功能、抵抗力、免疫力、体内修复能力和适应外界环境的能力，无不与肾脾两脏有关。无极桩对许多慢性脏腑疾病和四肢九窍诸疾有效，道理便在于此。

练无极桩可补脾气、充肾精、生心血、实肺、养肝，脾气健旺、升发则元气充沛。脾肾关系到人体正气的盛衰，人的脏腑功能、抵抗力、免疫力、体内修复能力和适应外界环境的能力，无不与肾脾两脏有关。无极桩扶助人体的正气正是通过调和脏腑，尤其是增强脾肾的功能而达到的。

（2）疏通经络，调和气血，平秘阴阳。

无极桩治病主要是行气的作用。行气可去邪，疏通经脉之闭塞，排除瘀血，但身体差的人要先养气，养气可以扶正。

无极桩是一种养气、行气兼练的功夫。它采用“三点一线”的合理

姿势，有助于内气的产生。一般站桩一会儿脚底和手掌便会感觉有酸、麻、胀、热、凉等效应和气感沿经络内动，15 分钟左右内气可达到高潮。

按照“三点一线”的要领，人体重心的垂直线刚好在百会、会阴和两个涌泉连线的中点位置上，这样躯体和四肢的肌肉能最大限度地放松，人体脊柱的生理弯曲处呈最直的状态，内外压迫小，张弛均衡，有利于任督两脉气血的畅通。任、督脉畅通，气血充盈，就容易调动全身经脉气血合理运行，从而气通大、小周天。

气通大、小周天，在武功的应用中也尤为重要。

（3）调节情志，养精宁神。

精神活动与五脏有密切的关系。中医认为七情的变化，最先受影响的是气，进而影响到血。情绪变化过度，七窍活动过多，令精、气、神时有损伤，便会引起气血不和而致病。此即所谓一气生百病。

无极桩是和老子学说“致虚极，守静笃”相吻合的。

练无极桩务求虚静、独立守神，可使人心神安和，喜怒有节，进入安静舒适，心旷神怡的境界。常听一些太极拳爱好者说入静难、静不下来。事实上没有绝对的静，入静是相对的。古人说：“不患念起，唯患觉迟；念起是病，不续是药。”就是说思想有杂念不怕，就怕有了杂念还不知道，杂念是病，及时制止杂念就是良药。当站桩静不下来时，可以用一念锁万念的方法来帮助入静，也就是专心想一件开心的事情来代替大脑的胡思乱想，始终保持一种良好的情绪。

良好的情绪能促使脏腑功能活动正常，促进食欲，增加胃液分泌，加强消化功能，从而保证了精、气、血、津液等营养物质源源不断地生化和运动，使习练者的体质增强并保持健康水平。

五、习练无极桩对环境、时间、方向的要求

1. 对环境的要求

（1）对空气的需要

人们在空气新鲜的地方锻炼会感到精神爽快、心情舒畅，这是因为

新鲜的空气里含有丰富的负氧离子。

自然界的空气中，氧存在着三种状态：中性氧、带负电荷的氧和带正电荷的氧。负氧离子就是指带负电荷的氧。

空气的成分是由氮、氧、二氧化碳、水蒸气以及惰性气体等不同分子构成。正常情况下，这些气体分子所携带的正负电荷相等。因此，从电的性能上看，它们是中性的。但由于来自宇宙的射线、阳光中紫外线及地球上微量放射元素如钍、镭等的辐射以及雷电的作用，空气被不断地电离，其中一部分分子中的电子得以脱离分子束缚，形成自由电子和正离子。其中大多数能量较低的电子被氧俘获，形成负氧离子。

负氧离子在医疗卫生保健方面起着很重要的作用。负氧离子通过呼吸进入肺，并透过肺泡上皮层进入血液循环，随着血液循环到达全身各组织器官，直接刺激神经反射和体液作用，对机体产生良好的生理效应和医疗保健效应，从而起到预防和治疗疾病的作用。

负氧离子对机体的作用是多方面的：

其一，作用于神经系统。能穿透血脑屏障进入脑脊液，直接作用于中枢神经系统，调节大脑皮层的功能，起到镇静、镇痛和振奋精神的作用。

其二，作用于呼吸系统。能解除支气管平滑肌痉挛状态，改善肺的换气功能。

其三，作用于血液系统。能使血液中的红细胞、网织红细胞、血红蛋白、血铁、血钙增加，血糖、胆固醇降低，使血沉减慢。

其四，作用于心血管系统。能改善心脏功能和心肌营养不良状况，增加冠状动脉血流量，降低血中5-羟色胺浓度，扩张周围血管，降低血压。

其五，作用于网状内皮系统。能促进体内合成和储存维生素，提高网状内皮系统功能，提高免疫能力，增强抗病能力。

所以应该选择在环境优美、绿化条件好的地方进行锻炼。因为花草树木能不断吸收空气中的二氧化碳，通过光合作用释放氧气。

练功时，人体所需能量物质的氧化从供能角度来说，氧气供应越充

足，能量供应越及时，人体活动的能力就越强。这对指挥调节大脑尤为重要，因为大脑代谢率高，耗氧量大，约占全身总耗氧量的 20% 左右。实验证明，1 克脑组织的耗氧量相当于 200 克肌肉的耗氧量，如果氧气供应不足，大脑的指挥能力就会明显下降。可见使机体获得充足的氧气，是提高练功效能、防止和减轻疲劳的重要条件。

选择不同负离子浓度的环境练气功，人的感觉也不同。空气中负离子浓度高的地方，人们感到空气新鲜，呼吸舒畅，头脑清醒。有人把空气中负离子称为“空气维生素”，田野、森林、河边、山区、喷泉等通风好的地方，空气负离子浓度高。应尽可能选择这些地方进行锻炼。

长期坚持练功者要获得充足的氧气，就要选择在环境优美、绿化条件好的地方进行锻炼。因为花草树木能不断吸收空气中的二氧化碳，通过光合作用释放氧气。据报道：一棵大树足以吸收一个人呼出的二氧化碳，并为其提供充足的氧气。一公顷阔叶林一天能产生 730 千克氧气，而一个正常成年人一天只需 0.75 千克氧气。可见，自然界的绿色植物是取之不尽、用之不竭的氧气源。在绿色条件好、空气新鲜的环境中练气功，能使人摄取更多的氧气，有助于延年益寿、保健强身。

（2）对声音的要求

声音，是对人体刺激最多的一种信号。它对人的刺激有良性作用，也有副作用。悦耳的声音，能使人心情愉快，精神振奋，功能提高。噪音，则使人心烦不安，精力分散，功能下降。

人们在思考问题时，环境的音响不宜超过 20 分贝，否则会使精力分散，降低思维能力。60 分贝以上的声音对大脑的功能就有不良影响。因此，我们在练功时，应尽量选择安静、空气新鲜的自然环境，这样可以提高大脑的兴奋性，启迪灵感，提高练功的效能。

（3）对光线的要求

我们在的日常生活中，每时每刻都与光线打交道。光线不仅影响人的智力，而且会影响我们的锻炼效果。

人在过强光线的照射下，大脑由于受到劣性刺激会产生头晕目眩和烦躁不安的感觉，而光线太弱，物体的轮廓不清、颜色不明，也会增强大脑的负担。因此，太强或太弱的光线都容易引起大脑的疲劳，进而影响机体对外界的适应。

练功环境的光线选择，一种是采用人工照明，用灯光作光源。灯光的种类不同，对人体的影响也不同。日光灯的闪烁，肉眼是看不出来，但会引起大脑的疲劳，白炽灯则没有这一缺点。日光灯的光线有黄色和绿色，肉眼对这两种颜色比较敏感，也较适应，而白炽灯则无此优点。但不论采用哪种灯光照明都没有自然光好。因此，我们应尽可能在自然光充足的环境中进行锻炼。

（4）对颜色的要求

不同颜色的物体，会给人以不同的感觉。这是由于各种颜色的波长不同，作用于大脑皮层会引起不同的情绪反应。颜色有冷暖之分。暖色如红色、橙红色，刺激性较强，能使大脑兴奋；冷色如绿色、蓝紫色，刺激性不太强，能使大脑相对安静。但无论哪一种色彩都不能和自然界各种植物所构成的颜色相比，因为自然界的颜色对大脑皮层是一种良性刺激，不会使大脑皮层处于兴奋状态，而能使紧张的神经松弛下来。因此，应到树木繁茂的公园、森林及行人稀少的地方锻炼。

2. 对时间的要求

人体、生物的运动都是有节律的，与时令息息相关。从子午流注学到现代“生物钟”的研究表明，体内的一切激素、抗感染细胞、体温等均有节律。有些周期性疾病往往与“流注学说”“生物钟”相关。一些国家在诊断和治疗上已考虑“时间”的因素，从而产生时间药理学和时间治疗学。

关于练功时间的选择，祖国医学的“子午流注”理论认为，在一天12时辰的“周日节律”中，子午卯酉这四个时辰是练功的最佳时刻。“子午守静功，卯酉干沐浴”（子午为阴阳交替之时，卯酉为阴阳平衡之时）。

夜11点至次日1点为子时，此时阴尽阳生为阳气初生，这时练功有助培育阳气。阳萎和体弱患者，子时练功可助长阳气。根据中医脏象

学说，五脏配五行，子时属木，肝胆之气，阳气生发，所以肝胆有病也可选择子时练功。

白天 11 点至 1 点为午时，此时是阳盛至极时刻，心火盛而气血旺。此时练功有助于心脏的保健，使心脏主动脉的功能得以纠正。所以体虚或心脏病患者，可于午时选择饭前练功，以增强心脏功能。

早晨 5 点至 7 点为卯时，此时气血旺于大肠。肺与大肠相表里，肺主气，卯时练功可增强肺的功能。

下午 5 时至 7 时为酉时，气血旺于肾经。肾为先天之气的发源之地，是元气之根。“久病入肾”，酉时练功能补肾，增强肾脏功能，对扶助元气颇有益处。

自然界一年四季春生、夏长、秋收、冬藏，人体气血动态变化的规律亦与自然规律一致，这就是“天人合一”观。春暖生发，气血由下向上，夏热盛壮，气血由内向外，故应抓紧春夏练功，气血易通大、小周天。

每天练功多少次，可根据病情、体质、工作性质、居住环境等情况，因人制宜。

作为保健练功，最好早晚都练，能练一次也可，每次不少于 20 分钟。若想治病，每天必须练足一小时以上。练功还要注意循序渐进，量力而行。初学者，每次站功起码要 20 分钟以上，这样内气才发动得比较好。如果站得舒适，可以延长，待练功进入高潮稍过后，便可收功。自己和父母的生日、一年中的 24 节气都是练功的好时间。

3. 对方向的要求

练功讲究方向性。习练拳架、走八卦方位等，主要是为了攻防，而习练无极桩，方向的选择是为了治病的需要，目的是强化人体生物磁场，增快练功进程和功力，提高治病效果。

按照中医阴阳五行的理论：肝属木，方位东；肺属金，方位西；心属火，方位南；肾属水，方位北；脾属土，方位在中。根据肝肺心肾脾的病情需要，可由此选择方位。如肝病患者练功方向朝东以益气。一般练功方向朝东南为最好，也有不少练功者采用南北向。前人认为面南与东南阳气生发之向，可采日月精华，补火温中，壮益元阳。

六、练功感应、禁忌和注意事项

1. 练功感应、禁忌

练习桩功的不同阶段和到了不同层次会有不同的反应，并表现出不同的功能状态，此外，由于各人的体质不同，病情不一，练功目的各异，个体神经敏感度有差异，因而练功者也会出现各种各样、各不相同的感觉，对这些反应，一般不必介意，任其自然即可。以下各种感觉和反应都是正常的功感效应。但要注意，不要有意识地追求它们。练功不求功，功在其中；求功不出功，枉费心机。只顾耕耘，不顾收获，而收获自得，所谓“功到自然成”。

（1）麻、热、胀

练功初期，会有肌肤发麻、发热、发胀的感觉，练功到一定程度，全身发热，并伴有微汗。膨胀感是训练中的正常效应，也是气血运行过程中血管扩张的正常反应，但千万不能杂念过多、有太多的追求、攀缘。

（2）动、痒、酸、痛

皮肤上出现虫爬行之痒感，也会出现肌肉震颤、身体摇晃等动感。一般初练者还会有肌肉酸痛的表现。虽然站桩强调放松，但站桩初期，往往松紧不能协调一致，虽然放松了，但松不透，所以出现肌肉酸胀的反应是正常的，随着练功的日久会自行消退。中医讲“痛则不通，不通则痛”。坚持练功，达到顺其自然之要求。

（3）身心轻松

练功中感觉极其舒适愉快，心旷神怡，喜气洋洋，其乐融融，周身轻灵，肌肉松柔，柔若无骨。练功中还会出现肌肉、内脏、骨骼、关节都有不同程度的不同响动；还会出现打嗝、肠鸣、下气通等现象。切记大怒、大乐不能练功。

（4）浑身有力，元精充沛

站桩中有浑厚、沉实、沉重的感觉，重心下沉，势如“不倒翁”；

进一步则有“身如灌铅”的感觉。但有些练功感觉不能道听途说，也不要盲目追求。

（5）超越时空的感觉

时间感的超越往往在练功结束后才发现。有两种情况，一种是“洞中才数日，世上已千年”，对时间的感觉缩短了，觉得才练功片刻，但看看钟表已过去了几小时。再一种相反，觉得练了好久，但实际上才练了一二十分钟，关键是没有静下来。生疑懈怠是练功中最大的禁忌。有关练功时间，一般养生在20分钟左右，如要增长功夫就需要适当加长时间。

（6）特异功能显现

此现象不在本文中交流，建议也不要追求！

切记：上述站桩入静后的感觉和情绪体验，一切顺其自然，不要刻意追求，否则会给身心带来负担，甚至出偏差。学习无极桩建议必须有明师指导。

2. 注意事项

（1）练习结束后，要擦干汗水，尤其是脖子后面大椎处的汗要擦干，夏天不能立即去洗澡，至少要等半小时。

（2）尽量避免在电风扇下和空调房里练站桩，易感风寒。在没有冷风、空气清新的自然环境下站桩，效果更佳。初学者应尽量避开刮风、下雨、雷鸣闪电时练习。“避风如避箭”。

（3）饱伤胃，饿伤气，宜在饭前饭后半小时锻炼。

（4）练习期间最好减少或者避免房事。

（5）心脏病人不可过度练习。

收功之后，搓热双手，分别抚摩膝盖，拍拍膝盖，甩甩手臂。无极桩简单易学，男女老少、体质强弱均可练习。前期锻炼不讲究行气，就不会出偏差。不受时间、场地的限制。对治疗慢性疾病和强健身心均有显著的效果。

七、有无相生 周身轻灵

有专家介绍太极拳和无极桩锻炼，脚要落地生根；而又有名师介绍练太极拳应该周身轻灵，不能有根。相互矛盾的说法，不免会令人无所适从。根据光復当年向著名内家拳武术大家王壮弘老师的请教，无极桩公开向全社会普及第一人蔡松芳老师的传授，以及太极拳大家何基洪老师三十多年来精心栽培的基础上，在此谈一点对太极拳锻炼的粗浅感悟，供太极拳爱好者参考。

我认为，太极拳锻炼从无根锻炼到有根，从有根又锻炼成无根，最后达到周身轻灵，是三个层次的问题。

所谓“无根到有根”，是习练太极拳的初级阶段；“有根到无根”，是中级阶段；而能借天地之灵气达到周身轻灵，才是真正的高级阶段。

1. 无根变有根

“根”就是脚底扎实，有一种直插入地的感觉。任凭风吹浪打，我自巍然不动，就是下盘要有东西。太极拳初学者通过“有根”的习练，使手脚与身体相连，让身体与地相接，重心下移，并且开始进入用“思想打拳”的阶段。为以后达到学规矩而守规矩，脱规矩而合规矩打下基础。

刚开始练习太极拳，脚上根本用不上劲，感觉脚底与地面是分开的，脚底一用劲往下撑，人就有往上浮的感觉。经过几年坚持，努力锻炼，无论是站桩还是打拳，脚底能黏在地面上，这就是无根变有根的一个过程。

2. 有根到无根

在“有根”的基础上再练到“无根”，是太极拳习练的又进一步提升。无根不是放弃下盘，是提升对下盘的控制力，两脚与地面有像藕断丝连一样的感觉，防止身体重心下坠而滞，达到《太极拳论》提到的“活似车轮”的阶段，在运动中身轻如燕，进退自如。如果把太极拳比作是一个理想球，球与地面的接触点称之为触底点，球心与触底点相连的那条直线即中轴线，就是太极的中定线，而这个触底点（中定点）是不断地随着球的转动而变化的，只有球停止了，它才会停在某一个触底点（中定点）上。我们就对这个触底点理解为脚的根，即脚的根也是要随着人

的重心移动而移动的，但是脚在运动过程中的瞬间，这个根是要收起的，就变成了无根。所以有根和无根也在不断的互相转换中，只有运动停止了，脚才会有根。也就是说有根和无根在运动中也是动态的。这个根不能像树根那样固定死，而应该像球的触底点一样活动，否则当树根遭遇到自身承受不了的冲击力时就会断裂。反之，如果我们把球固定死了，当打击力超过球自身的承受能力时，球就会被击破（虽然球自身的膨胀力像太极拳的掤劲，能反弹一定的打击力），所以我们要追求像球一样的活根。“有根” 为阳，“无根”为阴，由此及彼，即《太极拳论》所言“阴阳相济，方为懂劲”。

3. 达到周身轻灵

又如何才能做到“无根到有根，有根变无根，达到周身轻灵”的太极拳锻炼？

这是一个比较漫长的过程。“太极十年不出门”就是非常好的要求。

太极拳锻炼者必须要在正确的方法引导下：

第一，要坚持不懈的习练。太极拳根本上讲是一种实践性的运动，明拳理不是光靠看、靠听、靠胡思乱想就能学出来的，必须经过长时间的磨炼才能出成效，这是根本所在。

第二，在拳架习练中一定要有意念、意识、意气来引领，做到形体、意念、气势三者统一。如果习练太极拳仅仅满足于手足舞之蹈之，有模有样，身姿优美，没有用思想来引领锻炼，只是徒有其表，是达不到太极拳锻炼的要求。

第三，练太极拳必须要有精气神的体现。“练拳不练功，到老一场空”，所谓的功就是指精气神中的气势、气场、气氛的锻炼。

太极拳锻炼是一个漫长过程，只有理解并掌握“松而不散、松而不乱；松中有连、松中有神；松中有能量（精气神）”的拳理，才有可能对太极拳有所领悟，而这恰恰又是太极拳的奥妙所在。

2018 年，蔡光復参加无极气功（澳门）保健研究会 30 周年答谢宴合影

澳门大学和“无极气功（澳门）保健研究会”授予蔡光復教授授课奖牌

第六章

拳术传薪录

2014 年，部分叶家拳爱好者在上海

武当叶氏太极拳又称杨式叶架太极拳，是由叶大密先生在田兆麟和杨澄甫两位大师亲授杨式太极拳的基础上，融合李景林武当剑的内容和婆罗门气功中导引和吐纳之内容，创编而成的拳架，既继承和保存了杨式拳架的精华，又注入了新的理念，显示了别开生面的新篇章。

本文所示的内容，是笔者五十余年来练习和应用太极拳术的心得和体会，由于太极拳内涵深邃，理论精深，因此很难用文字精确表达个人的心得体会，难免解释有不当之处，愿能得方家指正。

初学指南

一、打破门派界限，吸收他人经验：论正确学习太极拳

1. 拳论说："入门引路须口授，功夫无息法自修。"说明学习太极拳需要老师面对面的传授，才是最恰当的方式。

所以，首先我们要找一个老师，最好是比较熟悉，或者是通过熟人介绍的。老师和学生之间的信任度是影响今后学习成绩的主要因素之一。不一定要找名师，而是要找一位明师。能把拳理说清楚的老师会对你更有帮助。

2. 我们知道学拳首先是在认识，乐亶先生对此有精辟的论述："大匠只能授人以规矩，巧则使人自悟。规矩不熟不能悟，神气不足不能悟；规矩可练也，神气可养也，然则始终不悟者，其必在意识之间矣！"所以，"练拳之事，首在认识，认识对路，唯练而已。神气腰腿，皆是功夫，功夫进步，认识亦长，然而所贵不在功夫，而在认识者，功夫小犹可练，认识错则枉费矣。"

3. 郝为真说，练拳有三个阶段，第一阶段是在河底下练；第二阶段在河中间练；第三阶段在水面上练。这是说第一阶段要"沉"，不沉不能在河底打拳。第二阶段要"协调"，好比游泳，全身协调才能在水中运动。第三阶段要"轻灵"，在水面上练拳如履薄冰。

4. 杨澄甫说，练拳要经过四个阶段，练体固精，炼精化气，炼气化神，

炼神还虚。杨老说的四个阶段是练习太极拳必然的历程。

“练体固精”的”精”是指人体的骨骼、肌肉、脏器。把这些部位练强壮了，就达到第一步的要求。

“炼精化气”是练习意气的阶段，拳练到一定程度便会产生气感，这个气感是感悟出来的，并不是我们呼吸的空气，我们称之为先天气（炁）。拳论曰：心为令，气为旗，神为主帅，身为驱使。先天气到了一定程度，便会起到物质化的实际作用，它与我们呼吸的气既有联系，又有自己独立的特性，要通过千锤百炼，才会有所体悟。

“炼气化神”的“神”不是意念，神有逆天而行的力量，神是气的升华，它和气的结合可以起到物质的作用，武术中传说的隔空打人、目光击人，都是形容神的作用。

“炼神还虚”是实证到万物的本性，练到还虚阶段，所思所行均可超越常理，难以见到此类高人，只有传说而已。

5. 从形似至神似。我们跟随老师学拳，不单要学会架子，而且还要模仿老师的神态。李雅轩老师经常提到，他经常想起杨师打拳推手时的神态，杨师踏在自己的神气里打拳以及推手时惊心动魄的场面。我们知道齐白石画虾，在他 60 岁时，画的虾是不透明的，到了六十七八岁，他画的虾透明了，到了 70 岁画出的虾，好像在水里游动，栩栩如生。这就是从形似到神似。

6. 我现在教的这套拳，称为武当叶氏太极拳，是叶大密老师创编的。根据我对此拳的调研，叶老的各位弟子，架子都有不同的地方，说明架子是逐步完善的，早期学的杨式架子保留多一点，我在丁然清老师处学习时，就没有加入纯阴纯阳式；后来在金仁霖老师处增加此式。我在丁老师处学了十余年，1973 年又去金老师处学习。金老师在我原来的拳架上进行了增减，这就是我现在拳架的雏形。现在的拳架是经过四十余年演绎和四十余年的教学经验，完全结合意气训练、精心编排而有实效的教学拳架，可以使学员在短时期内，达到意气训练的效果。所以，通过这套拳架可以把我所拥有的技术告诉和传授给大家。

那么拳架的内容以什么为标准呢？当然以拳论为标准。有的老师说我的老师怎样教我的我就怎样教你，这种说法是不全面的，从老师那里学后要通过自己消化、领悟，变成自己的东西，因为意气的东西，不可能每个人都一样，和师父一模一样，肯定是个没出息的学生。青出于蓝的学生自有他拳架的特点。这一点希望大家记住，做个超越老师的学生。

7. 我们知道，学了拳架以后，每天都要认真练习，那么怎样练习才可事半功倍？练拳架要"感知"自己，所以要用耳朵听好自己，凡是眼睛看不见的地方，都要用耳朵听好。所谓眼观六路，耳听八方。打拳、推手耳朵比眼睛更重要，严格地说不会用耳朵就不会打拳。所以，用耳朵听好全身，就是感知自己，推手时，要听好对方全身，那就是感知别人。所以，练拳始终是一个感知过程。知己知彼才能百战百胜，也就是拳论里说的："人不知我，我独知人，英雄所向无敌，盖皆由此而及也"。

8. 拳论说："一举动全身俱要轻灵，尤须贯串。"又说："行气如九曲珠，节节贯串。"那九曲珠是什么呢？它是指身上九个部位，分别是下部踝、膝、胯；中部腰、脊、背；上部肩、肘、腕。我们打拳就要顺着次序走劲，这就是节节贯串。在打拳时我们的劲从脚底送上来，就要按着这次序送上来，不可跳过次序。例如我们手伸出去，就要按照肩、肘、腕次序走劲。

9. "以心行气，务令沉着，乃能气敛入骨。以气运身，务令顺遂，才能便利从心。"这两句话是《太极拳论·十三势行功心解》中的第一和第二句话，它告诉我们以心行气，必须气敛入骨。可是如何气敛入骨却很少有人知道，所以我们先就这个问题讨论一下。我们打拳一定要做到用气，没有气的拳不能称为打拳；没有气的出拳，只有力，没有劲。太极拳的蓄劲和发劲必须结合气敛入骨。气在身上运行，要顺畅，要圆活，才能顺畅，所以，要揣摩空松圆活之道。

10. 拎腰，这是杨式太极拳董派的练习秘诀，是乐奂之先生提出的一种练习方法，我是从任刚那里学来的。我们打拳时，命门下一寸处前挺和上拎，是练习腰为第一主宰的方法，它与凸命门是两个不同的练习

方法。“太极拳借天不借地，借地始终艺不高”，这是乐奂之先生提出的观点。拎腰是通向借天的门户。郝月如氏拳论说，平时行功走架，须揣摩空松圆活之道，要神气鼓荡，全身好似气球，气势贵腾挪，身体犹如悬空。根据二者的理论，拎腰就非常吻合“借天不借地”和“气势贵腾挪，身体犹如悬空”的说法。

说了这么多，希望能帮助大家对怎样学拳建立起一个基本的概念。

二、初学者宜注意事项

一般学拳的人，往往迫切要求很快地学会、学完全套拳。殊不知求快不当，反而有弊无利。俗语说：“欲速则不达”“慢功出细活”。初学时，要树立一个慢学的思想。这就是说，学拳必须循序渐进，老老实实一步一个脚印、一招一式地学。一招熟练后，再学下一式，绝不可粗枝大叶、不求甚解地学。慢慢学才能对运行法则、架子定式及其运用的拳理了解得比较透彻，对承上启下、虚实转换等基本要领领会得比较清楚。领会多了，进步也快。

初学者动作宜慢不宜快。动作衔接要交代清楚。而在姿势趋于正确、定型，动作运行纳入正规以后是可以适当加快的。动作变快时，各种转折、衔接的地方都必须做得十分认真，不可含含糊糊，一带而过。如果你还没有得到气感，应该继续慢慢地用心练，有了气感后速度方可加快。

学习的过程是一个吸收、记忆、消化、巩固的过程，也是反复实践、纠正错误的过程。这个过程是一个重复的过程，通过反复纠错，学到的姿势架子也就比较正确，就不会出现“走样”和遗忘的情况。反之，如果初学时太马虎，日后打拳必然要动作散乱，运行呆滞，对意气运转等要领更是茫然无所知，天长日久，姿势谬误，校正起来就困难了。

常言道：“宁磨千遍，不改一着”，学得虽慢，实际是快，表面学得快，实际是慢，这就是两者之间的辩证关系。

古人云：拳练万遍，神理自明。这说明练拳不但要正确，还要熟练。熟能生巧，由熟练而逐渐懂劲，由懂劲而阶及神明。有的严师要求自己的学生先练满五千遍拳，然后才能学习推手。试想，每天打二遍拳，要八年才能完成五千遍。专业运动员每天要打十遍拳。对业余的来说，只能耐心地练上十年。所以练习太极拳是个漫长的阶段，必须要有耐心，持之以恒，才能成功。

身法述要

一、关于打拳时各部位的要求

1. 头

打太极拳要求立身中正，头容正直。头不正则身不正，且要虚虚领起，即是拳论里要求的“虚领顶劲”。有的书上叫“顶头悬”“提顶”。不过我个人觉得用“虚领顶劲”比较恰当。打拳时头不可有表情，更不可摇头晃脑，而脸部则可以随五行表现出喜、怒、哀、乐等表情。头部五官以眼、耳最为重要，太极拳提倡用意不用力，眼睛和耳朵都和意识相关联，意识和思想都是大脑的功能，我们设定眼睛看见的为意识，耳朵听到的为思想，那么我们打拳时，眼睛指挥看得见的动作部分，耳朵指挥眼睛看不见的动作部分。随着拳架的变化，眼睛和耳朵的职责也随之交替变化。此点非常重要。

2. 项

项是头颈，要端正竖起，不犯僵硬。要和虚领顶劲结合，项不竖则顶劲不立，项对虚领顶劲有辅助作用。

3. 肩

“沉肩垂肘”是太极拳重要法则之一，肩关节要充分松开并下沉。肩与胯要成一垂直线，打拳时肩与胯要有相合之意，肩胛骨尽量不要动（上提的动作则可略动）。

4. 肘

肘关节始终要保恃微曲和下垂，肘尖要与腰部连接。这样可以使沉肩垂肘的动作在伸缩缠绕时加大力量，在此前提下，才能加强“坐腕”的作用。肘要与膝对牢，可以避免拳架歪斜。

5. 腕

腕是全身关节最灵活的部位，练太极拳必须重视，打拳要“令其骨转”，腕不转则骨也不转。“寸劲”要靠腕的力量，腕的旋转可增加拳的柔韧性。

6. 手

太极拳的手型有三：拳、掌、钩。常用的是拳和掌，练拳时以掌为主，拳为辅。运掌时意气先贯至掌根，然后至手指。练拳时拇指、食指、中指、无名指、小指必须依此贯串，以右手为例，向左画圈时，以拇指领先；而右画圈时，则以小指领先。

7. 腿、膝、足

拳论曰：“劲起于足跟，主宰于腰……”说明足乃是劲的起源地。我们打拳时前后足都要有劲，且相互贯串。以弓步为例，前足的劲由大腿经膝送至前足，使前足掌和足趾紧紧贴地。后足的劲则由后膝经小腿送至后足跟，意识要穿透地面，再由地面反弹至足、小腿、膝、大腿至腰。有了反作用力方可发劲。这里强调的是反作用力，还有一点要强调的是裆要圆，如果裆劲不足，则不能传递反作用力。此外，前后足之间劲的贯串也由圆裆完成。膝和尾闾是方向舵，必须对准前方。

二、拳架和推手的身法要领

不论打拳推手，这六个主要要领的内容是基本的基本。

1. 含胸拔背

含胸与拔背是两个不可分割的动作，肋骨以上是胸部，打太极拳不可挺胸，而是要放松。含胸时两肩要向外松开，且微向前合。两肩中间的脊背处，其大椎穴似有向上鼓起之意，两肩要下沉，头要中正，谓之拔背，但是宜先做拔背，后做含胸。

2. 虚领顶劲

虚领顶劲的动作比较难做，因为它不是单一的一个动作，而是需要其他动作的配合才能完成。例如含胸拔背、尾闾正中、提裆，等等。有的书上称为提顶。要求头正项直，不俯不仰，神贯于顶，虚虚向上提起，犹如秤杆平衡全身的重量，即谓之中定。

3. 护肫裹裆

护肫是胸下两肋节节向下松沉至腹部，且有收敛前合之势，背部的背阔肌与腹侧的腹斜肌有相接合之意，腹部要松空，气要贴背。裹裆则是双胯有内合之意，并且两膝也有内向相连之意。

4. 尾闾正中

尾闾正中是练习太极拳的一个重要的要领，一般书上解释的百会穴与会阴穴上下对准即为尾闾正中，其实不然，它也是一个综合性的动作，它与含胸拔背、虚领顶劲、护肫裹裆都有密切的关系，只有做到上述三点，再求百会、会阴一条线，才能算是达到尾闾正中。从单个动作简单来说，两股有力，臀部前收，脊骨根托起丹田。意识向上对准百会穴，即称为尾闾正中。

5. 沉肩垂肘

肩要松沉，肘要下垂，是两个连在一起的动作，肩关节要有脱开之意，气要下沉，肘尖亦随之向下沉，意要与脚底相合，这样就符合沉肩坠肘的要求。

6. 虚实分清

拳论曰："一处有一处之虚实，处处皆此一虚实"，说明虚实问题不是只字片语可以叙述清楚。练拳时，心要虚，心虚则四体皆虚。丹田与腰劲足底要实，三处实则四体之虚皆实。两腿要分虚实，左右要分虚实（左重则左虚，右重则右杳），内外上下皆分虚实，只有掌握虚实，才能真正体现太极拳之精妙。

三、拎腰和凸命门

我在任刚先生所著的《太极拳行法释要》一书中写了一篇序言，谈到了我在练拳 50 年后摈弃我的保守观点，接受了“拎腰”理论。经过 10 个月的练习，收到意想不到的效果。很多拳友认为在我 80 岁高龄的时候，能够重新认识新的理论，并且练习成功，除了钦佩之外，还对我的 10 个月练习经历产生了兴趣。

“拎腰”和“凸命门”是太极拳腰部重要的两个要领，所起的作用也不尽相同，在我学习太极拳的历程中，“凸命门”是众所周知的重要要领，在我 50 年的太极拳生涯中，一直认为自己在凸命门的方面做得比较好。

武术界对命门穴非常重视。命门穴是身弓的弓把，是带动四肢弓的纲。中医学表明，命门之火是人体阳气之根本，生命活动的动力。因此，强壮命门即能壮肾，增进健康和令人长寿。

我先谈谈“凸命门”。命门穴是人体督脉上的要穴，位于背后两肾之间第二腰椎棘突下与肚脐相对的区域，武术要求命门穴后凸，这样可增加力量。可是也有一些人认为把背后腰椎对直了命门就凸出了，所以就出现了靠门板、靠墙壁等方法。这些方法把人体的生理弧度曲线改变了，产生了腰部疾病，这是不可取的。正确的方法，应该是四周都鼓出来，是气鼓，不是形鼓，是带脉四周放大。

太极拳“借天不借地，借地始终艺不高。”这是杨式太极拳第五代乐奂之先生讲的话。他是杨式董派的代表人物，“拎腰”之说流传的起源。

武式太极拳郝月如宗师的拳论说：“太极拳不在样式而在气势，不在外面而在内，平日行功走架，须研究揣摩空松圆活之道，要神气鼓荡，全身好似气球，气势贵腾挪，身体犹如悬空……”

武式太极拳的理论，和我们研究的“拎腰”技术相互之间十分吻合。“拎腰”从命门下一寸处拎起，上贯百会，下接尾闾，是寻找命门穴处腰为主宰的感觉，书中称为“三寸嫩芽”，我们在命门穴下一寸处前凸三分，虚虚地向上拎起，然后在此段找感觉。开始可能腰很酸，继而习惯了，腰自然会拎起，到了一定的时候，就会有灵动的感觉，这就意味着全身有了指挥中枢。如果还想随心所欲，则必须要有意气的配合，身体必须松透。达到这一步，你才能真正体会到空、松、圆、活的乐趣。你会感到很轻灵，就如拳论所说，身体犹如悬空，气势贵在腾挪。

四、论胯的几种用法

在太极拳运动中，胯的应用是一门深的学问，胯和腰、胯和胯、胯和肩、胯和足的配合至关重要。在推手时它是走化的关键部位。在走架时胯运用得好，就能走架轻灵，动作运行得当。各门各派对胯的运用都有论述。下面谈谈我所理解的用胯。

1. 收胯

在做起势时，首先要调整身体的生理弧度曲线，胯就要和小腹一起收向命门，帮助命门向后调整。在推手时收胯又是走化的关键方法之一。

2. 沉胯

在走架时，腰与胯要密切配合，定式时要“塌腰沉胯”，稳固足底沉劲，推手时胯要松沉，这样气才能下沉。

3. 松胯

在定式完成后转接下一个动作，先要松胯，例如搂膝拗步，定式时放松前胯，腰自然会向左转，这叫松胯转腰。

4. 扣胯

腰在受力时转腰，我们叫做拧腰，在拧腰时要扣胯，两胯要相互合住，并且要有和足底扣住的意念。这叫拧腰扣胯，否则转腰无力。

5. 合胯

在上步时后胯要与前胯合住，不但胯要合，对应的肩也要与前胯合住，把整个重心移到前腿前足上，这样上步就轻灵。在推手时，例如护肫，裹裆，两胯也必须合住。

6. 送胯

太极拳在出步时，要用后胯推动前胯将前足送出。这样，前足就能

轻轻地落下，显出迈步如猫行的太极步子。迈左步，则左胯合向右胯，用右胯托起左胯，然后送左足出步；反之，亦是如此。

7. 抽胯

退步，当前足要收回来的时候，不可用身体借重心，而是要抽胯，这样不但轻灵，而且不会导致“前俯后仰”。

8. 开胯

后坐时，后胯要开。前弓时，后胯要合。一开一合，一虚一实，阴阳之道也。在推手时，胯是调节虚实的关键部位，必须仔细体会。

行功走架要义

一、对太极拳拳架的探讨

曾经有人问我怎样练太极拳，什么样的拳架算标准，自己可以改动吗？

《太极拳论》有四句话：第一句叫明规矩；第二句叫守规矩；第三句叫合规矩；第四句是脱规矩而合规矩。这就是说，在明规矩的第一阶段是不可以改架子的，只有到了脱规矩而合规矩的第四阶段，才可改动，不过依然要合规矩。

事实上太极拳的架子在不断改进，它和事物发展规律一样，在不断进步。随着个人功夫的提高，架子也会随之而改变，也因此衍生出许多流派。历史告诉我们，一个成名老师教出来的学生，各个学生的拳架都有所不同，尤其是后来成名的，各人之间的差异更大。这难道不对吗？其实不然，所谓不破不立，这是客观规律，太极拳也不例外。

太极拳是一门艺术性很高的拳术，如何来品味太极拳，也是一门学问。就像欣赏艺术那样，自己也要具备一定的艺术修养，才能较好地欣赏和体会。太极拳提倡用意不用力，那么“意”是什么？是思维。说明拳是要用思维来打。

老一辈太极拳家告诉我们，太极拳不但要练，更要悟。其中的奥秘是悟出来的。练习太极拳在各个阶段，都会有不同的体会。一层境界，一层体会。当你练到某个层次，你就有新的认识，你的拳就会有一个更新，这就是不破不立的法则。

有人问我，老师您这50年里拳架变动大吗？是的，变动很大。20世纪80年代以前，变动的是外面的拳架为主；以后则是内涵为主。

要练好太极拳，就要不断地向周围的行家学习，要虚心，不要怕失面子。不要因为我做了几十年老师，还要向别人学习，甚至向后辈学习，面子上过不去，要做到“不耻下问”；同时还要研究太极拳的理论。我的老师金仁霖先生是研究太极拳理论的大家，受他的影响，我在这方面也作了些努力。

二、行功走架之体悟

行功走架，一举一动均要根据太极拳的理法而进行。这样，意识便能逐渐地发挥其高级能动作用。每一举动皆能用意来支配，不慌不忙，既能全神贯注，又能神舒体静。先由意动，既而形动。久而久之，便能做到以意行气，以气推形，即所谓意、气、拳架三者统一。

身法宜先熟练，气要存养涵蓄而不上浮，气要下沉，则两肩须松开；同时又要含胸，胸不含则气不能沉于丹田；还须护肫、吊裆，否则腹不能达于松静饱满，气势也不能腾然，不吊裆则竖尾无力，则气不能存养。这些身法要求能做到后，就基本可符合拳论“腹中松静气腾然”的要求。

手法必须达到气势腾挪的地步，要贯于手指。松肩，须寓意于两肘之下；沉肘，须寓意于手掌之下，意气乃能贯于手指。两手和两胸总须有相系相应之意，而支配在胸不在手，胸中要有圆活之趣。若能达此要求，两手便无散乱，胸中亦能灵活运化。

两足必须着力，胯宜松直，前腿之劲须与后腿之劲贯串；两腿要分

清虚实，两胯要相互合住，拳论称“裹裆”。注意：裹裆是用意，不能用形。

迈左步，则左胯合向右胯，用右胯托起左胯，然后送左足出步；反之，亦是如此。实非全然站煞，内中必须精神贯注，即上提之意也；虚非全然无力，内中气势必须腾挪，即预动之势也。

平日行功走架，一举一动既要沉着稳妥，又需轻灵自如；既要全神贯注，又要潇洒大方，即所谓“内固精神，外示安逸。”

拳理探微

一、虚实的转换

太极拳的转换，即为阴阳虚实之间的相互转化，有其独到之处。如能把握住它的法则，就等于在太极拳难以逾越的鸿沟上架起了一座桥梁。

1. 腰的法则

拳论曰：“虚实变换，首在腰，次在胸”，关键之处在于左右两个腰眼之间，此谓“命意源头在腰隙”。欲向左转，则左腰眼微向上抽，用右腰眼托起左腰眼，此时左胸要虚空；欲向右转，则右腰眼微向上抽，用左腰眼托起右腰眼，而右胸须虚空。迈左步时，左腰眼微向上抽，用右腰眼托起左腰眼，而右腿实股须精神贯注，左腿则气势腾挪；反之亦然。两个腰眼总须一上一下，一虚一实，以实托虚，虚与实又要相吸相依。阴不离阳，阳不离阴。阴阳相济，才能互相转化。须记“劲由内换”的原则。虚实变化全在内而不在外，由内才能及外。在内则能转换而不露形迹，到达人不知我，我独知人的境地。

2. 上虚下实、前虚后实的法则

拳论曰："心要虚，心虚则四体皆虚，丹田、腰劲、足底要实，三处一实，则四体之虚者皆实，此之谓虚而实。"身体的上部要虚，下部要实，即所谓"上虚下实"。身体的前部为虚，后部为实，因此胸腹部为虚，腰背部为实，即为"前虚后实"。

3."三虚一实"法则

在太极拳中虚实转换比较复杂，但也有一定的原则可遵循。如上虚下实，前虚后实；左虚则右实，右虚则左实。以两手和两腿之间的关系而论：两手在上而为虚，两足在下而为实；如以两足间关系而论，如左足为虚，则右足为实，若右足为虚，则左足为实。所以以两手和两足关系而论，两手为虚两足一实一虚，形成三虚和一实的关系。虚者须气势腾挪，实者须精神贯注。精神为实不可外漏，气势为虚而必须包围精神，即所谓"三虚包一实"。

太极拳要求气势必须包围精神，使精神不外漏；反过来精神又必须支撑气势，使气势不萎靡。这样便能达到虚中有实，实中有虚；实而不露，虚而非丢。

4.一处有一处的虚实，处处皆此一虚实

如以手的部位举例：搭手时，手背朝外部位为虚，手心为实；反之亦然。手臂和手一样朝外接触部位为虚，里面为实。以足举例：弓步时，前足为实，后足为虚。而前足的足掌为实，足跟为虚；后足的足跟为实，足掌为虚。坐步时，前足的足掌由实变虚，而足跟由虚变实。同时，后足的足掌由虚变实。这里只是对个别部位举些例子，虚实的转换更主要的是意识上的虚实变换，即所谓"内动不为人知"。只有通过不断实践，达到一定的功底，才能领悟其中的奥秘。

二、太极拳呼吸

"呼吸无声，出入绵绵，一切皆听自然，绝不可揠苗助长"。这几句话是对练习太极拳自然呼吸的要求。我们练习太极拳，首先要明白什么是人的自然呼吸，什么是太极拳的呼吸？自然呼吸是通过口、鼻、喉、

肺和腹部组成的有节奏、毋须意识控制的自行动作。而太极拳的呼吸是根据拳术的节奏，由意识指导下的呼吸。二者在运动中有相同的部分，也有不同的部分。在练习太极拳时，呼吸是自然配合动作的，在行拳时呼吸随着拳架的开合、进退、急缓而进行有节奏的呼吸。初学者不可去控制呼吸的节奏，因为，练拳到一定程度，你不去注意呼吸，而呼吸自然而然会调整自己的频率并深度配合拳架。上述四句话是告诉学者，不可去控制呼吸，否则就是揠苗助长了。

在太极拳运动中，有“气沉丹田”“行气”　“运气”　“气腾然”等提法。这里所讲的“气”，是指习练太极拳达到一定水平时，人体随机发出的一种自身感觉（我们称它为先天炁），而非呼吸的气。所以，不可将这种特有的“气感” 和呼吸的“气”混同起来。

太极拳练习中，人的自然呼吸必然会随着人体运动代谢的需要而发生变化。这就使两种形式并存，拳架会影响呼吸改变节奏。例如，“气沉丹田”的身法要求，就能使人的重心下降，自然呼吸也会随之进入深呼吸状态；在太极拳蓄发、收放等动作中，周身气势场强便会随着动作放大或收小。太极拳的意识对这种气场作出指导，这种气场感觉就是太极拳特定的 “气”。

由于太极拳运动代谢的需要，人的呼吸系统本能地作出调节反应，这就涉及腹式呼吸的配合，以补充肺活量的不足。所谓“如长江大海，滔滔不绝，取之不尽，用之不竭”。这就是太极拳的“气”和自然呼吸的“气”对立统一的法则。

三、太极拳的内劲和呼吸

内劲是蕴于内的一种劲，是太极拳学派专用的一个名词。它是从“神舒体静”的松柔中，以意贯注而锻炼出来的一种劲。内劲隐于内而不显于外，随人动而不断改变方向，不丢不顶，丝毫不差，内动而不令人知，故称为“内劲”。它从外形上看，轻灵而不流于飘浮，沉着而不失于呆滞，且有缠绵曲折的意趣。内劲主要是从练拳架中得来的。

在推手上，“吸则自然提得起，亦拿得人起；呼则自然沉得下，亦放得人出”“吸为合为蓄，呼为开为发”。开合呼吸是以内劲蓄发为开合标准，屈、退、仰、起等动作为合为吸，反之伸、进、俯、落等动作为开为呼。在推手时，不但身、眼、手、足要与对方相呼应，更重要的是呼吸也要与对方呼应，这样才能达到“呼吸灵通，周身无间”。

四、空松圆活

太极拳练到较高级阶段时，身体便会产生悬空般的高大感，全身好似一大大的气球。有了这种感觉便可达到行气自如、活如车轮的境界。欲达此境界，必须先研究揣摩“空松圆活”之道。

空松圆活，虽然只有四个字，但要理解和实现却不是一件容易的事，其中的哲理非常深奥。

1.“空与松”

太极拳运动不可只讲“松”。片面地追求大松特松，没有“空”的存在，再松也无法进入太极拳的高级阶段。要使身体的肌肉骨胳松开还比较容易，但要达到空的境界却是很难。因此，必须在“空”字上下功夫。但是“空”不是主观上的幻觉而没有客观上的变化，所以，必须求达于意识和物质运动（拳架）的高度统一，而不能使意识成为物质运动以外的幻想。

在练习太极拳时，不但对拳架的姿势有高的要求，还必须在意识的指导下，在松静的状态下进行。这样可以由松入静，由静求空，从而踏上太极拳高级阶段的阶梯。

我们知道身体放松是往下沉的，是把全身的肌肉关节往下沉，而“空”是往上升的，所以我们要把身体的脊柱虚虚地往上领，尤其是腰间命门处微微挺起，借此腰上挺劲将身体拎松开（不是放松），感觉如腰拎着手脚及全身一一松开，真正感觉到腰为第一主宰。又好比一件湿衣服挂在衣架上，衣服是往下沉的，相对来说衣架是往上升了，这个上升就是“空”的感觉完成。在拳论中提到的“骨肉分离”，也就是这个

意思。

2. “圆与活”

练习太极拳要达到“活”的境地，气势必须圆满，至圆才能至活，圆是活的基础，所谓“圆则活，方则滞”。要踏进圆活的境地，则必须掌握“气势”和“八面支撑”。

气势是由人体内在的功夫所决定的，气势的大小是衡量一个人太极拳功夫深浅的重要标志。气势愈大则功夫愈深，即所谓“太极拳不在样式而在气势，不在外面而在内里”。

“圆活”是离不开“空”和”松”的，没有前述的条件，圆活也就无从企及。反过来，达到“圆活”的要求，“空”“松”才能极尽其妙。

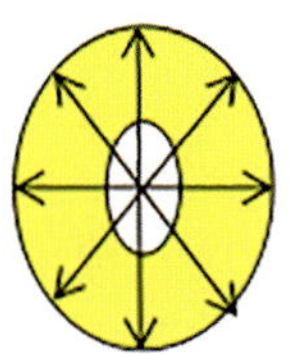

图 6-1

图6-1表示：白色为“人体”，黄色为“气势”，箭头表示“八面支撑”，圈线表示“气势边缘”。

气势的边缘离人体中心愈远，则气势愈大。气势要由精神支撑，精神能八面支撑，气势才能饱满而不萎靡；反过来气势又须包围精神，才能使精神不外泄。达此要求，气势便臻圆满，神气始能鼓盈。

一举一动周身气势圆满而不失气球之理。有圆必有活，活的动力在内而不在外，外随内动，劲无断续。动者为气转动，而非形之动，周身成为一家，气自然能遍及身躯，于是能八面转换而旋转自如，我意欲往何处，气即能往何处，意气自然能达到物来顺应的境界。至此，不论向前向后，向左向右，向上向下，曲伸开合，一举动气便能运行转换自如，而活就在其中了。要圆滑，不偏不倚很重要，与人动手要如立身于天地之间，绝不能与对方产生相互依靠或支撑，就是对方忽然消失，我依然立于天地之间。忽隐忽现是神气的变化，是说神气带动身体阴阳应变，这是太极拳中最高级的表现，到了这阶段才能真正掌握空松圆活。

五、太极拳的四个效应

练习太极拳，归纳起来要有四个效应。

1. 气垫效应

所谓“气垫效应”，就是在“起势”的时候，一定要用脚把手撑起来，一定是用地面的反弹作用反弹起来的。劲从脚底送上来，难就难在要有气，用气送上来。打拳打第一遍时，检查自己是否做到了要领，先热热身；打拳打到第二遍时，才能体会到气感的东西。

拳论说：“一举动周身要轻灵，尤须贯串。”所以，打拳不能死沉在下面，要参照郝月如拳论所述的“全身好似气球，气势贵腾挪，身体犹如悬空。”学拳浅的打法（指骨肉运动）与深的打法（意气运动）不一样，要参照拳论所述的“意气君来骨肉臣”，来判断是意气为主还是骨肉为主？如果只追求拳架的一招一式，那么你还在初级阶段。那些腿踢得高，腰弯得低，以骨肉为主的练法，只属于练体固精阶段。与我们炼精化气、炼气化神、炼神还虚的阶段相差甚远。

拳论说：“拳练万遍，神理自明。”任刚老师要求他的学生要打满五千遍拳，再学推手。我希望大家每天打两遍拳。意气是打拳练出来的，没有捷径好走。

我们知道气垫船的原理，它是靠气的反作用力把船升起来，这里的重点是“反作用力”——我们的劲，我们的气都必须从地面上反弹上来。“反弹”两字是重点。不是从地上直接撑起来，更不是用身体的力量升起来。

2. 合作效应

打拳就要讲合作效应，这里的合作是指：手—手；手—足；足—足；胯—胯；胯—肩；腰—腰。它们之间的合作如下。

“手—手”合作，例如在打“左搂膝拗步”结束后，做“正接手”，是用右手将左手带动提上来，到了中心线后，进行“半开半合”。做“反

接手”时，也是右手把左手带回来。

“手—足”合作，也就是说，当手要起来的时候，手的动作一定靠脚撑起来。不可以手自己上来。

“足—足”合作，例如在做弓步的时候，后脚与前脚相互支撑，是靠后脚撑到前脚，中间必须经过裆部，要克服前脚对后脚的阻力，把重心“渐变”到前面。后退时，前脚要克服后脚的阻力，把重心转移到后脚。前脚、裆部、后脚，构成一个圆弧形的结构。脚与脚之间一定要有“绷劲”，有“绷劲”就是“圆裆”，站得再高也是“圆裆”，否则就是“尖裆”。这就是鉴别“尖裆”与“圆裆”的标准。

“胯—胯”合作，例如要做“上步”这个动作，先要合胯，左右胯要咬住。后胯合住前胯，后胯送前胯才能完成上步动作。

“胯—肩”合作，前面讲的“上步”，接下来把肩合住前胯，这就是“胯—肩”的合作，才能腾挪上步。这样上步就很轻松，否则就没有“中定劲”。

“腰—腰”合作，就像汽车的方向盘，向右转的时候，左腰向右腰推动，右腰向左腰推动，以中轴线为中心平衡地转动。

要避免“跪膝”。不要形成“环形腿”。“跪膝”就是膝盖的垂直线超过了脚尖。“环形腿”就是腿形成环形，没有绷直。

3. 视听效应

所谓视听效应，就是“眼睛—耳朵”的合作效应，打拳需要眼睛与耳朵合作，看得见的地方用眼睛看，看不见的地方用耳朵去“听”，去感知身体的各个部位是否平衡？

例如，在打“搂膝拗步”时，后脚的劲送到前手，前脚的劲撑到大椎上，左手的劲，通过背脊传递到右手上，这样构成稳定的三角形结构，才能有中定劲。

视听效应有什么作用？这是通向“听劲”训练的捷径。身体看不到的部分需要用耳朵去“听”，甚至眼睛看到的地方也要用耳朵去“听”好。俗语说，眼观六路，耳听八方。所以说耳朵比眼睛更重要。许多拳友知道用眼神，但很少有人知道用耳朵听，这就是古人用的“听劲”两字，实在太精辟了。所以，不会用耳朵听就不会打太极拳。

4. 感知效应

打拳的时候，要“感知自己”；推手的时候，要“感知对手”。当你打拳还没有达到有气感的时候，是很难去感知的。

例如，在打“左搂膝拗步”时，要经过左手的“腕—肘—肩”，通过大椎后，再到右手的“肩—肘—腕”，这样六个关节做到节节贯通。左右手要贯通，前脚掌与大椎贯通，后脚跟与前手贯通，这样拳架就处于平衡状态。老师要教学生如何去感觉劲路的走向，要知道劲的路线图。劲会走了，实际上就是意识在体会劲路，使得意识和拳架高度结合。你的意识要与你的动作高度结合，就会有“得气感”。当你身上做到意气饱满时，还要做到意在形外，其体自松，其气自盈。这句话我是从峨眉拳论借过来的，就是说意气在身上饱满后，要把“意”放到形外去，这样，才能使体松气盈。

我们这里说的“气”是感知出来的先天气（炁），是通过长期的练习方可有所体会。

“气至身动，意至形随”这八个字非常重要。打拳时，先要把气充足，充足后才能打出去。充气时候，是从脚底向下送，然后利用反作用力，把气充满到身上，到背脊后才能发劲。我们讲的神气饱满就是这个意思。

我们中华民族古老的科学理论大多以感知为基础，例如，中医的望、闻、问、切。而太极拳是以“听劲”来感知，“敷、盖、对、吞”“沾、黏、连、随”，都需要用“听劲”来感知。前面讲的“视听效应”是为“感知效应”服务的。

拳论感悟

一、有不得机不得势处，其病必在于腰腿

以前老师曾对我讲述过腰与腿之间是胯。实则上如有不得机不得势处，其病必在于胯。因为胯是配合腰变换虚实的部位。长久以来，在打拳或推手方面，对于胯的作用，我一直非常强调；而且对于胯的运动要领，也作了比较详细的研究和论述。

我打拳至今已有五十余载，以前一直强调胯的作用，对胯的应用研究也没白费时间，可是到今天，我却要回过头来研究腿的作用。前辈们所总结的理论，的确深含哲理，只是当初我没有理解透彻。实质上腿与足的作用非常大，甚至其作用大过胯在拳中的重要地位。心是领四体之虚，而腿足则是领四体之实。对于其应用方面，暂时无法用文字详细论述，但是心虚足实这两点在指导拳术上具有非常重要的意义。

二、双重则滞

有内则必有外，外动是依人，内动是由己。动中必须有静，动中有静，才能动而不慌不乱。动者是气动，是以气推形。气分阴阳，阴者精神贯注，阳者气势腾挪。太极拳之劲，既有柔性，又寓刚性。柔而不成无物，刚而不成硬力。如果阴阳不分，便成“双重”，“双重”则无灵活变换的余地，势必呆板、滞重，故谓“双重则滞”。

三、聆悟八字诀

擎起彼身借彼力。中有“灵”字。

引到身前劲始蓄。中有“敛”字。

松开我劲勿使曲。中有“静”字。

放时腰脚认端的。中有“整”字。

“擎、引、松、放”和“敷、盖、对、吞”，在推手的应用上很重要。“擎”字这里不是举起的意思，而是有荡开和拎起的解释。“引”字的意思很明确，要蓄劲必须把对方吸空，引到身前，其中包含“气敛入骨”。乐亶前辈说：“太极拳妙全在引劲落空，此劲即在‘擎’‘松’两处练得。能荡开，能拎起，能连续，始能有效。太极拳得劲处，则全在开合有整劲，即在‘引’‘放’二处练得。能浑身配合，曲中求直，始能有效。”

“敷”字即是用意敷布于对方的劲上，不能显示出自己的方向和力点，而是用意管住对方的身心，结合“盖”字，把对方盖住，使其动弹不得。

“对”字则是认定对方的来势，按其方向、大小和速度，作出反应，结合“吞”字，以气全吞而化解之。

所以这八个字虽然用法不同，各有其妙用，但是它们之间互有联系，既是互相合作，又可互相转换，可演绎出太极拳神妙无比的绝艺。

四、拳论要领摘记

1. 身法熟练—两肩松开—肩不松则气不能下沉—必须含胸—才能气沉丹田—又必须护肫—同时要吊裆—不护肫则腹不能达于松静饱满—气势便不能腾然—不吊裆—气不能存养于丹田。

2. 要知己知彼—先要舍己从人—从人则活—由己则滞—从人在形—由己在意—而从人仍是为了自己—从外形观之—似随人而动—然则人为我内形所控制。

3. 走即是粘—粘即是走；粘即是用意，走即是行气。“以己依人，务要知己，乃能随接随转；以己粘人，必须知人，乃能不后不先”。

第七章

太极拳学习之道

如何做学生

学生，先学而后生者也。不仅首先要充分学习和领会老师的知识和智慧，还要在老师知识和智慧的基础上有所升华，有所提高。

从老师角度看，学生是教育的对象，有极大可塑性，染于苍则苍，染于黄则黄；学生还有向师性，亲近、信赖、尊敬老师，把老师作为自己获取知识的智囊、解决问题的顾问、行为举止的楷模，这些是学生的共同属性。下面单就如何做好太极拳学生，谈自已的体会。

一、弄明白学拳目的

为什么要学太极？这是一个太极拳习练者首先要想明白的目的导向性问题。目的的不同，决定了习练者所能到达的层级的不同。只有明确了学习目的，在学习过程中才能不畏艰苦，不怕困难，愈挫愈奋，百折不挠，最后达到学习太极拳之根本。

一般说来，学习太极拳无外乎三种目的：

其一，修身养性、健身、防病、娱乐等；

其二，参加表演或技击等比赛；

其三，期望掌握达到太极拳较高层级的内在功夫的真谛。

为修身养性而学太极拳，就要练知己之功，求得内气充实通畅，由此可祛病延年；为技击而学太极拳，则要在知己之功的基础上，加练知彼之功，防敌护身。但更重要的，练太极拳是为了体证中国的传统文化，这才是真正学习太极拳的目的。

明确了学习目的，就要制订一个学习方案。对于太极拳学习者，开始学练太极，就要明确了解太极拳的内涵是什么。太极拳是中国传统文化的体现，如要练太极拳，就要花一辈子的心血去锻炼、去研究，才能真正学到和掌握太极拳的真谛。

学拳必先明理，太极拳拳理源于《易》、老子《道德经》。不理解拳理，难以练好太极拳。一般健身无过高要求，但如要深入习练则必须读书，读懂太极拳理论书、拳书，探究拳理，访求明师，从中体会太极拳的拳理拳法，这是理性认识。同时，还要刻苦锻炼，从实践中去理解。

二、端正求学心态

《礼记·学记》云："凡学之道，严师为难。师严然后道尊，道尊然后民知敬学。" 就是讲：凡是为学之道，以尊敬教师最难做到。教师受到尊敬，然后真理才会受到尊重；真理受到尊重，然后民众才懂得敬重学业。

"书山有路勤为径，学海无涯苦作舟。"这话同样适用于太极拳的学习。一旦你决心要走习练太极拳这条路，便应该对整个学练框架有一个大致的了解。对于太极拳学习者而言，一个好的心态决定了学习者的学习态度，也决定了学习者的学习成绩、进步空间和修养境界。

最常见的三种错误心态是：（1）盲人摸象，盲目拜师，急于求成；（2）小猫钓鱼，三心二意；（3）三个大饼和半个大饼的故事。

真正能练出一点真功夫的，必须要具备以下几个条件：

其一，拜明师（包括好的方法、好的环境）。"斯技旁门甚多"，可谓"差之毫厘，谬之千里"。

其二，明拳理，还要有坚持数年艰苦锻炼的信心。北宋哲学家张载《经学理窟·义理篇》："人若志趣不远，心不在焉，虽学不成。"

其三，好心态，要有一个好的思想境界、好的胸怀。

《道德经》言："上士闻道，勤而行之；中士闻道，若存若亡；下士闻道，大笑之；不笑，不足以为道。" 这里是讲，高等智慧的人在听到"道"之后，就积极勤劳地实行（因为他知道"道"不是语言能讲的清楚，越讲只会越麻烦；"道"是用来行的，只能从实践中了解体会"道"）。中等智慧的人听到"道"之后，对"道"感觉似懂非懂，半信半疑。下等智慧的人听到"道"之后，就大笑（他嘲笑别人，觉得别人是在乱讲，这是因为他不懂所以不屑）。不被嘲笑，就不足以成为"道"。如果有人真的领悟了什么是"道"，会笑着说："原来这就是道。"而不懂"道"的人就会觉得这是笑话。

学无止境，学习太极拳，需用终身学习的态度来面对。

三、如何找到明师

练拳的重点应在全身的整体均衡上，局部的感觉需从全身均衡的基础上来，全身不均衡、不松静，而去求局部的正确，一是求不到，再是即使勉强形似，也是硬的，容易变形，并有伤全身，得不偿失。总之，没有明师言传身教，精心指点，练拳犹如盲人骑瞎马、夜半临深池。

打拳不是手上功夫。周身的劲练得整了，是从脚上走出来的。脚上走出节奏，用神气起尾椎，腰胯里头出消息，手的动作只是连带的，意动而手到。这不能用肢体的快慢来形容，太极拳锻炼没有快慢的概念，神意到了手就到。

教育家陶行知说："做学问的功夫，是细嚼慢咽的功夫。好比吃饭一样，要嚼得烂，方好消化，才会对人体有益。"学习太极拳也是一样的道理。所以常说，学拳要当个傻子。最怕自以为是的聪明人，几乎都是半途而废。要把此心时刻稳住，内外须皆无牵挂。

伟大人物的最明显标志，就是他具有坚强的意志，不管任何艰难困苦，他的初衷、希望、目标仍不会有丝毫的改变，而最终克服障碍，达到期望的目的。

一个学生学太极能否成功到位，同时考验师徒双方眼力、定力和毅力的问题。

对于一位太极拳学习者，首要问题是在自己拜师求学的道路上，具备分辨明师和名师的能力。

“明师”有别于“名师”。名师易找，明师难寻。怎样把“名而不明”的师者剔除出去，把“明而不名”的高手识别出来？这是一件很困难的事情。

第一个困难，在于受选择范围的局限。你的视野以内，可能不存在“明师”。

第二个困难，是一些人的“名气”会影响求学者的判断。要增加选中“明师”的机会，而避开“名而不明”之辈，办法是：识别其“名”因何而来。有些人名气很大，但这些名气不是来自于自身素质，而是来自于其他方面。

第三个困难，是自身素质需要提升。怎样找到明师？先做明人，始识明师。

到底是先有“明师”，还是先做“明人”？答案是：某个阶段的“明人”，能够赏识某个阶段的“明师”。

真正的明师有什么特点？

第一，真正有本事的老师，自己有功夫，善于教人。

明师与学生的沟通没有障碍和隔阂，与明师交谈很轻松，相互之间距离很近，往往就是谈谈家常话，在轻松愉快的气氛里，已经将太极拳的精妙之处融化于其中。这是一种“润物细无声”的教学境界。

第二，其对武术有自己的见解。

一个真有功夫的明师，不会教条、机械、不求甚解、囫囵吞枣地照本宣科，不会简单地让学生去背拳谱。他会把自己练功的经历和拳谱上理论的东西结合起来，给学生一个实实在在能操作的建议。比如太极拳练到什么状态才算是达标？怎样检查自己的功夫是否达标？这些，拳谱上是没有具体标准，真正有功夫的老师，就会告诉学生问题所在，应该如何练。

第三，明师给你讲的入门东西，都是非常实在、很基础的知识。

这些初看简直就是平平常常，无甚可观。但一段时间后你就会发现，这个东西太深了，习练刚刚达到基础标准，后面就有了新的要求，一个阶梯一个阶梯地往上走，越练越觉得自己的功夫不足。不积跬步，无以至千里；不积小流，无以成江海。千里之路，是靠一步一步走出来的，没有小步的积累，是不可能走完千里之途。引申开来，就是做事要脚踏实地，一步一个脚印，不畏艰难，不怕曲折，坚忍不拔地干下去，才能最终达到目的。

笔者练武的体会：即便找到明师，也要做到：

第一，尊重老师，信任老师，但不能太迷信老师。

第二，读书，明理。太极是“道”，拳是“术”，学拳自然容易进步。

第三，站桩、架子、推手循序渐进。

锻炼一天有一天的收获，锻炼一年有一年的体会，锻炼三年有三年的感悟。练武尤其是练内家拳，是一种改变人气质的学问，这句话一点都不假。古往今来，“学莫便乎近其人”。通过习练太极拳，可以仿效良师学习功夫和学问，既崇高又全面，还可以通达世理。所以说学习太极拳没有比亲近良师更便捷的了。

四、何时起修，学时多久

太极拳不同于其他拳种，它是一个任何年龄层次的人都可以去练的拳种。现在提倡全民健身，提高国民身体素质，太极拳无疑是一个非常好的习练项目。

西汉经学家、文学家刘向《说苑》：“少而好学，如日出之阳；壮而好学，如日中之光；老而好学，如炳烛之明。”所以，学习太极拳，应从小开始学起。

当年，我问我的启蒙老师江南著名武术家、伤骨科医生周荣江老先生（享年 97 岁）：“武术需要练多少时间才能有所感悟或体会？”周老先生反问我：“父母送你上学以后，你什么时候能写一篇像样的文章？”

必须明白：要教好、练好太极拳，学得一点真谛，不是一件容易的事。

古人言：“太极十年不出门”，就是此道理吧！

做人做事也是如此，不要担心你此时此刻的付出得不到回报，因为这些付出都是为了扎根，等到时机成熟，你会登上别人遥不可及的巅峰。

俄国作家车尔尼雪夫斯基说：“只有毅力才能使我们成功。而毅力是来源于毫不动摇，坚决采取为达到成功而需要的手段。”

不厚积又何来薄发？

五、锻炼太极拳存在的几个问题

太极拳训练中存在枉费时日、收效甚微之现象，有的人甚至瞎练，这不仅无益，反而有害。故初学者及已学练数年而进益甚微者须警惕，要懂得什么是正确锻炼，从而到达较好的锻炼效果。

问题表现一：先学套路，后学理法。

此现象很普遍。即先依样画葫芦，葫芦已画熟，再去学理法，此时理法虽明于心，葫芦却不可改了。结果葫芦是葫芦，理法是理法。意不在先手在先，不静不松盲目练，清静拳境不探求，招式套路急求成。有的人练了两三年，还体验不到清静拳境的味道，还不知道意对精气神动作的调遣，还不知道太极拳的乐趣、愉悦在哪里。这种类型的习拳者，尽管也长年累月地画弧走圈，但只是停留在似是而非动作的初浅层面上。只有套路与理法同时学习，才能互相彰显。如若不然，再练三五年还是白练。因为一万次不正确的练习，还是等于对太极拳的理解有误。

问题表现二：急于要求掌握太极拳十大要领。

对初学者来讲，太极拳十大要领不是一开始就需要全部习练的。习练者应该在有多年太极拳锻炼功底的基础上，开始学练十大要领，这才能对十大要领有一定的体会和掌握。

问题表现三：只求表面，不求内涵。

有的不顾身体情形、年龄层次，单一追求形似，发刚猛之力，求踢

腿之高，压腿之低等。更有甚者，瞎练的人盲目引进硬气功、铁砂掌、铁布衫、少林散打的训练方法，忘却了太极拳内外兼修以内为主的原则。

长期瞎练者，练坏膝盖练坏腰，练坏脊柱练坏了颈。有的原患有的慢性病没有得到控制与治疗，反而加剧。所以，学练太极，必须要掌握正确的方法。

俗话说：内行看门道，外行看热闹。只有练了真正的太极拳，才能真切地感受到太极拳给我们所带来的那份微妙感觉，太极拳的锻炼价值远远超过普通人的想象。

六、太极拳之练法

首先，寻求或者有无缘分遇上一位或几位明师很关键、很重要。有幸遇上懂经明理不保守的老师，对学生而言是一种福分，可事半功倍。无论习练的是哪一个流派的拳术，只要持之以恒，最终都有可能进入太极殿堂。

学拳初期，必须勤学苦练。在基本功扎实的基础上，应能做到将拳架烂熟于心。在这个过程中，听、练、悟三者缺一不可。太极拳的教和学有它自身的特殊性。要求听，不能三心二意；练，不能马马虎虎；而悟，更是要用心用脑用意，不能偷工减料，需要专心致志听老师讲解，而且必须数十年如一日，持之以恒。

资质不同的人，对太极拳领悟和技艺上身的程度也不同。一般三五年后，应该都会有不同程度的体会。这之后，思索、思想在某种程度上说会显得更为重要。如何触类旁通地将太极拳的身体实践与太极拳的理论更好地融会贯通，应该是这个阶段的主要内容。如果说太极拳初期的学练对兴趣、体力的要求相对要多一些的话，那么到了习练的中期，对文化、理论等方面的要求就会相应地多起来。这就是所谓的“功夫在拳外”了。

俗话说“师父领进门，修行在个人”。一个太极拳爱好者能够走到思索、思想太极拳的一步，一般而言应该已经具备了自修的能力。这以

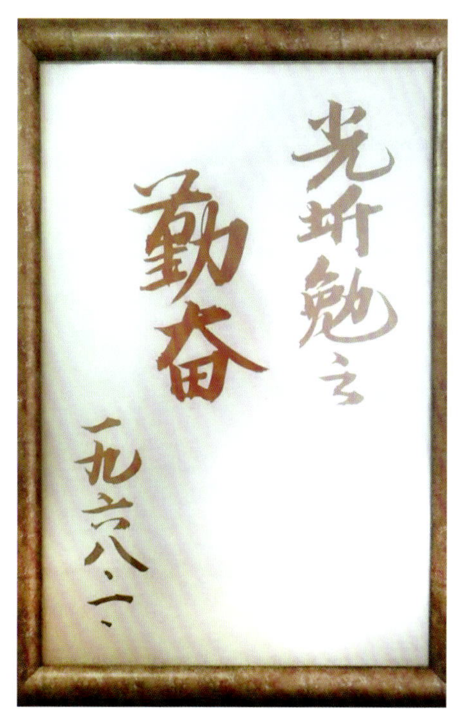

蔡光復的父亲题字勉励蔡光復

后，将是一个漫长的过程，太极拳与你会不离不弃，它会成为你生活的一部分，伴随你一生，你也将因太极拳而获益终生。

最直观的就是，一个人平时的为人如何，与他打出的拳架会极为相似。一个常怀阴暗心理的人，是绝不可能打出坦荡、舒展、大气的太极拳。

今人教学太极拳，多不能从整体上去把握，教学动作细致而复杂，难免以偏盖全，顾此失彼，犹如盲人摸象，只见树木，不见森林。最后只追求到形式上的规范统一，却失去了太极拳的真正内涵。

当个好学生不易，学习是一辈子的事情。我虽年已六十有七，也教授太极拳多年，但也还是一名学生，因为太极之深奥，山外之山之高妙，我辈当竭力恭谦而习之。

上述拙见，与致力于学习太极拳的同道们共勉。

如何当老师

“师者，所以传道授业解惑也。”这是唐代大文豪韩愈的名句，也是每一个教授太极拳老师的终身追求。

“一日为师，终身为父。”是学生发自内心对老师的尊重，而不是老师自以为是要求学生做到的，更不是对学生的一种精神枷锁。

当老师，必须要明确自己肩上的责任，不然就是对学生不负责任。

一、责任感

从本质上讲，即要求利事业、利国家、利社会。而且当自己的利益同国家、社会和他人的利益相矛盾时，要以国家、社会和他人的利益为重。人只有有了责任感，才能具有驱动自己一生都勇往直前的不竭动力，才能发现许许多多有意义的事需要自己去做，才能感受到自我存在的价值和意义，才能真正得到人们的信赖和尊重。

美国前总统林肯这样说：“每一个人都应该有这样的信心——人所能负的责任，我必能负；人所不能负的责任，我亦能负。如此，你才能磨炼自己，求得更高的知识而进入更高的境界。”

要教好太极拳，不是一件容易的事。人生苦短，学生能有几个十年被耽误？如果老师自己对太极拳也不明就里、不求甚解，那么教的时间越长，误人子弟便越深。“以其昏昏，使人昭昭”，说的就是这个道理。

作为一名老师，是传道还是教术，这是做一名合格老师必须明确的问题。学生没有学好，老师有责任，乃教者失职。俗话说“名师出高徒”，学生跟随老师学艺不成，老师肯定有责任。“教不严，师之惰”“以其昏昏，使人昭昭”，说的就是这个道理。

“爱”与“责任”是师德的灵魂。责任是老师的本职，而爱与责任，相得益彰；“爱”与“责任”也是辩证的统一。“爱”是责任的体现，而“责任”是爱的化身。“爱”与“责任”是一个永恒的话题，它需要为人师者不断用自己的实际行动续写篇章。

在太极拳学习过程中，太极拳老师的指导、鼓励、赞美、欣赏和支持，永远是给予学生最好的礼物。透过爱的鼓励和安慰，让学生祛除心中的不安，勇敢地面对各种挑战，担负起我们肩上的责任。这也是太极拳教学所追求的学习境界。

二、自知之明

做明师，首先要有自知之明。当太极拳老师就要先做到对自己的太极拳水平有“自知之明”。

孔子《论语》中写道：“知之为知之，不知为不知，是知也。”知道就是知道，不知道应当说不知道，不弄虚作假，这才是明智的行为。

目前社会上有个别老师，自己对太极拳了解不深，也没有认真练习，但文学理论功底比较好，喜欢把一些好文章、好功法照搬、照抄、照教，甚至自己还没有完全理解，就去自己创编发明所谓的新式太极拳套路，美其名曰弘扬光大，其实这是害人害己的做法，真的要引起注意。

《荀子·荣辱》：“自知者不怨人，知命者不怨天。怨人者穷，怨天者无志。失之己，反之人，岂不迂乎哉？……故君子道其常，而小人道其怪。”其大意是：有自知之明的人不抱怨别人，懂得命运的人不埋怨天。抱怨别人的人自己就会困窘而无法摆脱，抱怨天的人就会无法立志进取。错误在自己身上，却反而去责怪别人，难道不是拘泥守旧，不合时宜了吗？……所以君子会遵循这正常的事，而小人则遵循异端。

一名太极拳明师，当然首先是一位坦坦荡荡、虚怀若谷、有自知之明的君子。古人云：“吾日三省吾身。”就是说，自知之明来源于自我修养和自我慎独。因为自省才能自制自律，自律才能自尊自重，自重才能自信自立。自尊为气节，自知为智慧，自制为修养。

人具备了自知之明的胸臆和襟怀，其人格顶天立地，其行为不卑不亢，其品德上下称道，其事业左右逢源。

人生如秤：对自己的评价，秤轻了容易自卑；秤重了，又容易自大；只有秤准了，才能实事求是、恰如其分地感知自我，完善自我，对自己了然于心，知道自己能吃几碗干饭，有几许价值，才能做到自知之明。

高明的太极拳老师，绝不自轻，十分自重，自信自律，自知之明。这样的老师，身教胜于言传，行动强过说教，不怒自威，不叫自随，学生当然愿意向这样的老师学习，太极拳教学的效率自会得到极大的提升。

三、德高身正

太极拳老师不仅是教一套拳、一套刀、一套剑……更重要的是为人师表，如何做人，如何弘扬武德。

无德无以为师。学生接纳、喜爱某个老师，往往是从对这位老师的敬佩开始的。这种敬佩来自于老师的素质和修养，包括老师的思想品德、情感、性格、能力、知识水平、生活态度、艺术修养等诸多方面。学生的眼睛是雪亮的，老师的言行举止无不在学生的视野之中。因此，作为太极拳老师，要随时注意塑好自己的形象，要以高尚的道德使学生高尚，以高超的武艺使学生成长，以渊博的知识使学生聪明，以自己健康的心理去塑造学生心理的健康。

老师只有以自己完美的人格去塑造学生的人格，以身作则，为人师表，才是真正意义上的“艺高为师，德高为范”，才能使受教育者“亲其师，信其道”，才能收到身正“不令而行”之效。人们常说，相由心生。其实，太极拳的教学也一样。老师以什么样的心态教学生，就能收获什么样的结果。

习练太极拳，就是一个修身励志的过程。

教习太极拳，更要以感恩抱怀为出发点。

作为太极拳老师，不能将学生对老师的敬重和关爱视为理所应当，更不能单方面要求学生对老师感恩，而不知感恩回馈学生。

作为老师，能教授什么功夫？能否传授徒弟一辈子的功夫？所以，学生有小学、中学、大学之分，同样老师也要明白自己的定位：是小学老师、中学老师，还是大学老师？作为一名老师有多少真才实学来传授给爱徒？千万不能“误人子弟”。很多时候我们得到别人的好，一开始，感激不尽；可是久了，便习惯了。习惯了一个人对你的好，便认为是理所应当的。有一天不对你好了，你便觉得怨怼。其实，不是别人不好了，而是我们的要求变多了。习惯了得到，便忘记了感恩。

只有真正懂得感恩，才能真正教好太极拳。

四、博采众长

太极拳博大精深，习练太极拳不但要学习“拳论”“拳经”“拳谱”，还要广泛阅读各方面的书籍。综合素质的提升，有助于对太极拳的理解和掌握。

太极拳的“术”由无极桩、太极拳架和太极推手组成，太极拳的“道”则是由中国传统文化组成。作为一个太极拳老师要明白自己掌握得怎么样。

传统的教学——进门是不教拳架的，基本功是传统太极拳教学最主要的内容。“道术”合一，同时传授武德、道德、医德、品德、社会公德。

习武要静心——桃李不言，下自成蹊。往身上贴金的只有泥胎木偶。练习内家拳，首先得静心素念，尤其是太极拳，要无思无欲才能入港，不然外头行着拳，里头都是酒色财气，那是练不出功夫来的。

博采众长，兼容并蓄，更是我们学习太极拳的一种策略。只有博采众长，才能积极学习别人的优点和长处，努力弥补自己的不足和短处。

古今中外这样的例子不胜枚举，东晋大书法家王羲之少年时曾学习草书，又学习楷书，最后他融会两者之长，创造了矫若惊龙的行书，写下了一字千金的《兰亭序》。太史公司马迁更是“通古今之变，成一家之言”，以此写出了“史家之绝唱，无韵之离骚”的《史记》。

博采众长，兼容并蓄，这便是小至一个人，大至一个民族、一个国家不断向前发展的根本原因，这也是社会不断向前发展的根本原因。对于一名太极拳老师，这更应该是自己提高和进步的动力源泉。

五、教学相长

一个老师，可以有数以百计的学生。

一个学生，也有不同时期的老师。

老师要允许自己的学生到外面去投师访友。

老师批评学生时要有勇气和责任，接受别人包括学生的批评时要有胸怀。

作为一个老师，应该向学生学习。韩愈《师说》曰：“圣人无常师。孔子师郯子、苌弘、师襄、老聃。郯子之徒，其贤不及孔子。孔子曰：‘三人行，则必有我师。’是故弟子不必不如师，师不必贤于弟子，闻道有先后，术业有专攻，如是而已。”其大意是：“圣人没有固定的老师。孔子曾以郯子、苌弘、师襄、老聃为师。郯子这些人，他们的贤能都比不上孔子。孔子说：‘几个人一起走，一定有可以当我老师的人。’因此，学生不一定不如老师，老师不一定比学生贤能，听到的道理有早有晚，学问技艺各有专长，如此罢了。”

一名太极拳老师，更应该向学生学习，许多学生身上有很多是老师身上没有的东西。在教学的过程中，往往能发现自身的不足；学生的提问，也往往能激发师者新的感悟。

教学相长，就是这个道理。

人能弘道，非道弘人，贵在力行。

《资治通鉴》：“经师易得，人师难求。”

为师不易，育人重任，当持此道，一以贯之。

武术的师道承传：

收徒，续的是前世今生缘分！

授徒，继的是国粹传承血脉！

现代社会由于各种原因，人心浮躁，没有对中国传统文化的深刻理解，自己也没有认真练过拳，对太极拳的理解甚至是错误的，但占据着一定的地位（位置），自创自编许多功法和拳术的套路来忽悠学生。这种现象目前还是很多，初学者不可不引起注意！杨澄甫先生“唯恐私心妄改，以误传误，易失体用之真传，以致湮没昔贤之本意”而在《太极拳体用全书》中告诫后人：“太极拳只有一派，无二法门。不可自炫聪明，妄加增损。前贤成法，倘有可移易之处，自元明迄今已数百年，如有可改之处，昔人亦已先我行之矣，乌待吾辈乎？”这应当引起我们足够的重视，并认真体会。

老师要知道自己身上的责任感，对学生负责，对历史负责，要严于律己。

太极拳高手在民间，而民间的太极拳高手一般又可分为民师、名师和明师。不可否认，各个阶段的老师对各个阶段的太极拳爱好者都有帮助，关键是学生要明白自己目前处于什么阶段，然后找到适合自己的老师。

民师、名师与明师的区别

民师	名师	明师
凭自己体会讲解	善于讲理论	实践出真知
无名气	有名气	无名气 / 有名气
公园很多	民间不少	相聚看缘分
追求利益	有想法	有智慧
自己对阴阳也不懂	能分辨阴阳	能指点迷津
不明拳理又很神秘	有神秘感	有悟性开心锁
外形为主	内外兼修	内外兼修以内为主
授业	传道授业	传道授业解惑

论师生关系

自古以来，中国都是一个尊师重道的礼仪之邦，师生之道、师生之情、师生之谊更是深植于华夏民族的文化深处。古人将“师”列于天、地、君、亲之后，更有古训“一日为师，终身为父”，可见“师道”之大之重。然而，也正是这种千百年来一直偏重于强调师道尊严的“师道”，在一定程度上也压抑了学生的积极性和创造性。

传统武术教学的现状，得失相较，失大于得，主要是不少传统武术绝技正在逐渐消失。仅以太极拳的教学为例，这枚中华璀璨的瑰宝，本应在新时代放射出更加夺目的光彩，但是说现在的太极拳形似多、神似少、气韵不足也许言过其实，说太极拳向着体操化、舞蹈化方向发展则一点也不为过。这种状况的发生，一定是传统武术的教与学之间出现了问题，首当其冲的是传统武术间的师与生、授与受、教与学之间的关系不顺畅、不和谐、不精准所导致，这理当引发我们对师生关系的重新认识和思考。

一、师者为范

何为师？“师者，所以传道授业解惑也。”为师者，首要为德。太极拳的教学，最有效的莫过于“言传身教”。为师者优秀的品德才能在太极拳中体现出优秀的武德，方能让学拳者领悟太极拳中的真善美，才能调动起学拳者个人的主观能动性。所以，作为老师要胸襟如海，以自己完美的人格魅力去赢得学生的敬仰，以身作则，为人师表，才是真正意义上的“艺高为师，德高为范”，才能收到身正“不令而行”之效。

太极拳的教与学不同于一般教育的教与学，无论是称教练，称老师，称师父，本质上都是传承的体现。太极拳就在那里，如同目标即定一样，越接近、越体现对拳的真谛的掌握，只能是靠有真才实学传帮带来实现。所以，在太极拳的教与学中，师承尤为重要。甚至某种程度上，学生学拳的收获与成绩，相当程度上要依靠所拜之师的传授、训练、点拨、训诫和教导。得一良师，如黑夜明灯。否则，有可能误入歧途，不进则退。

师者为范。就是德行上要做典范，举止上要做模范，拳术上要做示范，要求上要做规范。只有这样，才能以德引导，让学生心甘情愿、自觉自愿地学习太极拳。

二、师之大者

师之大，首先大在格局。一个人的发展往往受局限，其实“局限”就是格局太小，为其所限。对于学习太极拳来说，我们首先要学习的不是技巧，而是布局。如果把学习太极拳当作一盘棋，那么学拳的结局就由这盘棋的格局决定。想要赢得这盘棋的胜利，关键在于把握住棋局。在教与学的对弈中，舍卒保车、飞象跳马……种种棋着就如人生中的每一次博弈，棋局的赢家往往是那些有着先予后取的度量、统筹全局的高度、运筹帷幄而决胜千里的方略与气势的棋手。

师之大，也需要大情怀。

金庸先生的经典武侠作品中都暗含了不少教育的艺术，且以《射雕英雄传》中郭靖的求学之路为例，浅析一二。众所周知，在《射雕英雄传》中江南七怪是郭靖的武学启蒙老师，在蒙古教他学武功。七怪的武功不高，自然郭靖学不到什么一流功夫，特别是内功。就在这时，郭靖结识了全真教的高手马钰，马道长教了他内功，使他内功大进；随后又是机

缘巧合跟着洪七公学到了降龙十八掌，武功越学越强。要知道，在当时的江湖上，门户之见是很深的。做徒弟的跟着别人学武功，那等于是直接在否定自己的师父。但是郭靖的师父们，却一心为郭靖的进步而感到高兴，他们是心如明烛，我能照亮你多远，就送你多远。这就是大格局大情怀。

师之大，还必须有大智慧。有才能而性情舒缓的人一定是大人才，有智慧而心平气和的人方称为大智慧。拥有大智慧的人做事的时候，大度，豁达，灵活变通，不守旧。

师从大师，学习太极拳者必然激发起超乎寻常的学习热情。

三、学优为问

何为学生？求知、求学、求变、求索、求道者也。那么什么是优秀的好学生呢？学优为问，一个肯问问题、善于发现问题、思考问题、解决问题的学生一定是一个好学生。

太极拳如同珠峰一样存在，但全世界六七十亿人到目前登顶珠峰的不足万人。因此，光凭胆量体能是登不上珠峰的，必须靠向导、靠教练、靠装备、靠天气、靠运气才行。同样这也说明学太极拳的不易。

还是以金庸小说主人公郭靖为例，作为学生的郭靖虽然“天资愚钝”，但为人和善，憨厚老实，直性坦率，有恒心有毅力，而且不耻下问，对于曾经教授过自己的师父们更是敬之重之，终成一代巨侠。

对于学生而言，一个好的心态决定了学习者的学习态度，也决定了学习者的学习成绩、进步空间和修养境界。“急于求成，想一口气吃成胖子”或“三天打鱼，两天晒网”都是不利于学习的。学习，必须摆正自己的心态，以谦卑的态度勤学好问，方能有所达成。

好问还要多思而敏捷。在《论语》中，鲁哀公和季康子分别问孔子最好学的学生是谁，孔子回答：颜渊。颜渊为什么能够成为孔子最喜欢的学生呢？因为他安贫乐道，敏事慎言，见贤思齐。

四、学之大者

学之大者，相对于小。大学生者，求大学问、求大道理、求大技能、求大路径乃至大变革。光復曾遇多位青年武术爱好者，都是自幼练过各种拳术，擅长擒拿格斗，当时面对太极推手一筹莫展，遂执意拜光復为师学艺。学生们皆天资聪慧，刻苦钻研，进步很快。十年后，都来问光復："师傅，我跟随您十年了，我是否可以满师？是否可以带徒？"答复是肯定的。后因机缘，这些青年学生拜入其他太极名家门下继续深造。

借用国学大家的理论来说明一下。

王国维在《人间词话》中认为学的第一境界是：做学问成大事业者，首先要有执着的追求，登高望远，瞰察路径，明确目标与方向，了解事物的概貌。第二境界是：成大事业、大学问者，不是轻而易举，随便可得的，必须坚定不移，经过一番辛勤劳动，废寝忘食，孜孜以求。第三境界是：做学问、成大事业者，要达到第三境界，必须有专注的精神，反复追寻、研究，下足功夫，自然会豁然贯通，有所发现，有所发明。

其实，太极拳的师与生在对待太极拳的教与学中，如果能够在求学、治学、教学的态度上高度一致、相互理解，那么必然构建出良好的师生关系。

五、师生相长

师无恒是，生无恒问。这是我对师生辩证关系的理解。

"转益多师是吾师。"武术爱好者的学艺经历，说明太极拳的教学如同学生读书，要在许多老师的培养下，经由小学、中学、大学，最终进入社会，不一定只追随一个老师。光復一直强调，同一位老师教授不同的学生，同一位学生向不同的老师学习，这都是学习任何知识的必经之路，都是很正常的，千万不要把学生当作个人的私有财产。古文《师道》已经写得很清楚了，"所以师者，关乎人之生命，关乎圣学之传承，关乎天下之太平，成人子弟则天下至德，误人子弟则天下大失也，不可不重视而慎行。"作为老师当照此来要求自己，而不是某些老师狭隘地要求学生做到"一日为师，终身为父"，这也是历史上不同的门派流派

各自门户间的陈规陋习。

作为学生而言，跟随老师学习的时候要做到“亲其师，信其道”。有些学生跟随老师练了五六年，有了一些体会，有了一些进步，就沾沾自喜，感觉超过老师了，自以为是，甚至自己想出一些创新的方法来锻炼。也有些学生练了五六年还没有感觉，对太极拳还不甚了解，就在背后议论老师不肯教。

我也经常碰到一些学生，跟随五六年后，在什么地方遇到一个人（一本书），接触后突然感觉明白一些道理，把原来老师教的东西都否定了，忘记了三个大饼和半个大饼的故事。（如果没有前面吃过的三个大饼，那么只吃后面的半个大饼是不能吃饱的，但很多学生都过分重视后面的半个大饼。）

六、高山流水

《列子·汤问》记载，春秋时伯牙善弹琴，钟子期善听琴。一次伯牙弹琴时，琴声时若高山，时若流水，只有钟子期能领会其中的含意。后来就用“高山流水”比喻知音或知己。其实，好的学生和好的老师都很难得，就像知音难求一样。

仰望为高山，俯首为流水。做老师的，最应该有“俯首甘为孺子牛”的胸怀和气魄。有关师生关系最著名的格言便是古希腊哲学家亚里士多德的“吾爱吾师，吾更爱真理”。其实，师生之间的关系无异于鱼水，双方是相辅相成、不可或缺的。

历史上传统武术的教学，都是拜师学艺，师徒相授，双方都需承担各自的责任和义务。不同的流派于此也都有各自的门规，有些甚至十分苛刻森严，并由此形成了十分紧密的师徒关系。随着历史的发展及传统武术功用的转变，从前拜师习武，一荣俱荣，一损俱损，关乎身家性命的那种紧密的师徒关系开始有所松懈。发展到现当代，则更多地在朝相对宽松的师生关系转化了。

眼下，太极拳的教者，似乎以为将太极拳的式如杨式、陈式，等等教全了，就算是对得起学生了；太极拳的学者，只要太极拳的招式、套路学会了，并且能够独立运行或者进行表演、比赛，就认为大功告成了。恰恰是为什么学太极拳，什么是太极拳，怎么教太极拳，怎么学太极拳？在这些大是大非的问题上，一知半解，说不出个所以然。于是，教者对学生的学业不精，就认为是学生不勤奋，不刻苦，或者天智愚钝，不是学太极拳的料；学者对老师的教学，认为老师不敬业，有保留，或者老师功夫本来就不行。于是，师生关系便成了油与水的关系。

太极拳的教学，尤其是传统太极拳对成年人的教学现状，是普及容易、提高困难，以致于不少传统武术绝技正在逐渐消失。造成这种现状的原因之一，便是没有正确地处理好师生之间的关系。一般而言，学习太极拳固然不易，但教授太极拳似乎更难。从前，坊间有“吃人参教拳”的说法，可见传统武术的教授确实是一件劳心劳力劳神的事。正是由于这种不易，老师对好的学生一般都十分看重，轻易不肯放手。而那些痴心于传统武术的学生在到达一定程度后，又往往想跳出师门转投他师或自立门户。这些都容易造成师生之间的矛盾，需要特别重视并认真地处理，才可能形成良好的师生关系。

总之，太极拳是一门修身养性的技艺，光復认为能否正确处理好师生之间的关系，也从一个侧面反映出习武之人的修行。只要襟怀开阔，就有利于师生间的和谐发展，有利于教学相长，有利于传统武术的发展传承。但也必须清醒地认识到太极的普及与提高是两个层次的问题，普及是面，需要横向扩展；提高是点，需要上下延伸。两者之间虽然互有联系，但重点还是区别很大的。无论是教练、老师、师父，在这个时段里都是以传为核心。所谓创新，目的是让承者如何自觉接受传，承者是被动的。传者的创新只能在方法层面，而不可能对拳创新。当“四两拨千斤”已融入承者意识和行动的时候，承者的主动性开启，传者转入被动。古话“师父领进门，修行靠个人”，能否登顶是其他人不能左右的了。

光復个人认为，太极训练还是应该坚守师道尊严的古训。当然有糟粕，我们扬长避短，取其利、避其害即可。

武当叶氏太极拳——嘉兴拳友戊戌新春团拜会

浅述太极拳阴阳的锻炼

每论太极，必说阴阳。阴阳学说是中国传统文化哲学思想理论的精髓，它在太极拳产生、发展的过程中都有深远的影响和指导作用。《太极拳论》中说：“太极者，无极而生，动静之机，阴阳之母也。”所以习练太极拳必须懂得拳中阴阳之理。老祖宗早就把太极拳锻炼的阴阳讲得清清楚楚，可我们由于心情浮躁，对太极拳锻炼的阴阳理解有误，甚至偏差越来越大。

在太极拳运动中随时都存在着动静、虚实、快慢、刚柔、抑扬、急缓、粘走、屈伸、往来、进退、开合、收放、张弛等一系列对立统一关系。这些词组狭义、相对地认识太极拳阴和阳的关系都没有错，但在太极拳锻炼过程中这样去理解前辈们对太极拳阴和阳的认识，光復认为目前这样的认识还不够完整，并没有理解清楚祖先们对太极拳阴阳的解释。

光復认为，太极拳中的拳架、推手等肢体动作，用肉眼可见的运动都可称之为太极拳的“阳”，是基础；而太极拳的“阴”，即是太极拳内涵的意、气、势等肉眼不可见的无形有质的存在。《十三势歌》曰：“意气君来骨肉臣”，思维决定存在，意、气、势领导骨肉形体的行动。这是形而上的观念，是道家的思维。

肢体运动产生的力量是有限的，只有彻底松开形体，运用意念调动大自然的宇宙之炁，产生无穷尽的巨大能量——势，这才符合“一阴一

阳之谓道”的原理。

早在20世纪30年代，在太极拳训练过程中，叶大密老师就提出：练“拳架”，属阳；练自己身上的意、气、势，属阴。以意领气，以气带势，将自己身上的意、气、势，从脚到头，又从头到脚，上上下下，起承开合走得清清楚楚，这才是练太极拳的阴阳，才是太极拳十年不出门的原因！

叶大密老师的上述教导，指明太极拳训练中拳架和意、气、势至关重要，指出了太极文化的内涵——阴阳，以此让学生能真实地感受到传统文化的智慧和寻找自我格局的突破；指明东方文化是从感知、感觉入手，为太极拳训练的路径指明了方向。

太极拳锻炼拳架两三年可以练得很好，但意气势没有八年、十年锻炼不可能入门。太极拳习练者要想达到叶大密老师所说的太极拳高妙境界，首先要弄清楚什么是“阴和阳”，更要弄明白什么是太极拳的“阴”。

一、太极拳的“阴”是什么

1. 意

张三丰祖师在《学太极拳须敛神聚气论》中说：“意者，神之使也。”可知意念是主体轻度入静后元神能动的思维态，意念可发出意识之波，且具有“穿透力”。意念是太极拳作为内家拳的核心内容，是太极的要素之一。从意念可以链接人类潜意识的层面来说，太极拳锻炼的过程也是用意念与内在自我对话的过程（太极拳内功心法），在这个过程里通过意识与潜意识做对接。

意念是一种目前科学尚未完全解释清楚的现象。但意念训练是太极拳最高境界的锻炼方法之一。

2. 气

气与意是密不可分的，意是以气的形式表现出来，气是意的载体。一心一意，沉心静气（致虚极，守静笃），自然而然达成。运气往返成循环，源源不断，生生不息。这里特别要提醒的是，气无色、无味、无形、无象，松柔到极点，像风一样柔软，但能产生势不可挡的能量。

3. 势

气与势互为表里。气、势是由人的内在纯净意念决定的。气和势的大小，是衡量一个人内在意念功夫深浅的重要标志。气势越饱满浑厚，功夫就越深。练拳内在气势远胜外在样式，也就是说练拳重点不在外形招式，而重在练内气、内劲、内涵。想要练出太极拳的气势，需要注重内在的修炼。气是在大脑意念支配下，人体动作由内而外产生的一种能量。气势有方向却无定向，有聚焦却无着力点，是汹涌澎湃的一种能量，如大江、大海之水滔滔不绝；是中国人耳熟能详又很难理解认知，比较抽象、比较玄妙的概念；是一种特有的东方文化的产物。

势的产生必须靠自身的能量，通过训练充分调动宇宙的能量，产生一种势。势分大小，取决于练功者自身的能量。太极拳的势也与其他运动锻炼一样，要取得太极拳的势，需要正确的方法并花相当多的精力来训练。

万物能起到作用的真正原因就是“势”。如一个人很强大，能分别对抗四五个壮汉，但四五个壮汉聚在一起形成一股势冲过来，此人就很难承受这股势的冲击。正所谓“千人打仗，不许一人回头”。

二、为什么意、气、势是太极拳的“阴”

这是由太极哲学决定的，太极是中国道家文化的一个重要概念和范畴。最早出现于《庄子》一书中：“大道，在太极之上而不为高，在六极之下而不为深，先天地而不为久，长于上古而不为老。”其后复见于《易传》：“易有太极，是生两仪。两仪生四象，四象生八卦。”在这样的一个基础上，后世人们汲取老庄哲学思想的精粹，以及《周易·系辞》中“太极”的相关论述，薪火相传，逐步推演、发展出成熟的以阴阳为核心的太极理论和相应的技术体系，并促成了太极拳术的创立。

太极拳是“以意行气，以气运身”“意形相合”的功夫，有其意必有其形。太极拳的活动，外在体现在拳架（阳），但内在（阴）更为重

要。在太极拳的技术体系中，意、气、势是第一推动，是太极拳的灵魂，乃太极拳内功心法的核心。而太极拳内功心法的传授，道出了很多太极拳对外不传之秘，说明打拳并非简单的手舞足蹈，而是要用意念来指挥导引，也就是以意为媒，提挈天地，感受太极先天大道之气而吸纳之。“行家一出手，就知有没有”，这个有没有指的就是内功，就是指意、气、势。形体运动和意、气、势的有机结合才是完整的太极拳。如果缺失了任何一个要素，都不是真正意义上的太极拳。

老一辈太极拳家告诉我们，太极拳不但要练，更要悟，其中的奥秘是悟出来的。在练习太极拳的各个阶段，都会有不同的体会，一层功夫，一层体会；一层付出，一层收获。当你练到某个层次，就会有新的认识，你的拳就会有一种蜕变，一种升华。就好比学习数学，小学阶段懂得加减乘除，中学阶段理解幂次方运算，大学阶段掌握微积分等高等数学，这就是积累法则。

三、怎样训练意、气、势

太极拳是在大脑支配下精、气、神三位一体的综合运动，肢体运动是配合意念来完成的。这是太极拳区别于其他健身运动的标志，也是太极拳具有很好健身祛病效果的决定因素。

太极拳前辈“重意不重形”。就是要求全身放松，毫无拙力。太极拳锻炼有三个力：动力，意念思维起动的力量；浮力，双手浮在空中，不能用力，顺其自然；阻力，在太极拳运动中，双手要适应、感知大自然的阻力。现在的很多习练者，往往过分注重没有意、气、势的太极拳形体运动和拳架的外在之“力”，忽视了太极拳的内在之“意”，这就犹如“丢了西瓜捡芝麻”。如果没有了意、气、势的内涵，太极拳就与以力量、以动作姿势、以技巧为主的其他体育运动项目没有区别了，也就缺少了阴与阳的关系。

太极拳训练重点，要在意念的指挥下发挥气、势来带动肢体，而不是训练手脚肢体的运动。太极意念训练的目的，仍在于开发内心意念的能力，并以意的迅捷、透彻之力，来指导、运用当下之念，做出准确的反应、判断和行动，如若临敌，可先发制人，化险为夷，取胜于千钧一发之际。

此种意念训练，需要通过对太极拳法要领的反复揣摩、习练，逐渐将功法之理熟透于胸，会发于意，妙显于形。此亦属于极其精巧、高级的精神修炼活动，普通之人，非经明师的点化，艰苦的磨练，精心的揣摩，反复的领悟，难窥其门径。

习练太极拳过程，形体与气势关系是互为条件的一个整体，气势为阴，拳架为阳。立身中正的"形"，是"势"的必要条件，有了"势"，拳架这个"形"才有存在的意义。气势是实现意念目的的重要气场，没有气势，意念就无法实现它的张力，实现意念的目的就没有了途径。不过要注意，并不是说有了意念就自然有了气势。但气势又是很难理解、很难做好和很难感悟的。拳打万遍，神明自理。这就是为什么要反复锻炼，深刻理解"太极拳十年不出门"的道理。同样，叶大密老师反复教导学生：研究太极拳的问题在"久"字上！

太极拳初级阶段的锻炼，要求动作连贯正确，主要是"阳"的锻炼。中级阶段锻炼，讲究产生连绵不断的一种势能，也就是所谓的"阴"的锻炼。中级阶段是太极拳锻炼中非常重要的一个过程，需要耗费相当长的一段时间才能逐渐体会和掌握。而高级阶段则要求注重拳架和意、气、势的连贯，所谓藕断丝连、形断意不断。

太极拳的"阳"好练，太极拳的"阴"难修，但只要明白什么是太极拳的阴阳，把握阴阳变化规律，理解攻防辩证关系，坚持意、气、势三者结合训练，身心体质就会转变。身体的气质在达到一定程度的转变后，感知也会有一个很大的提升，会豁然顿悟，犹如柳暗花明又一村，这是非常美好的体验。

太极拳锻炼的三个层次

太极拳独特的心静用意，使心更易入静，护卫“元神”正常发挥其调控人体身心健康的功能，结合做到“松柔沉、内空透、知觉灵”这三个层次，太极拳锻炼者就会对太极拳产生无穷尽的喜欢和追求，颐养性情，强身健体，不亦乐乎！

随着冷兵器时代的结束，太极拳逐渐失去了其“实战意义”，但太极功夫源远流长，不仅历史悠久，更有其深刻的文化内涵，既讲究形体规范，又重视精神意境；既兼备动静结合，又追求内外兼修，是中国传统文化的重要载体。现代社会，太极拳锻炼者主要是为了修身养性，健康长寿，并通过太极拳运动来更好地学习中国传统文化，而太极拳的进攻防守也需要学习和了解，如有条件要能掌握其精髓，但绝对不是为去实战搏击，一赌输赢。

太极拳博大精深，但同世间其他学问一样，也有途径可循。从广义的层面而言，有三个层次——松柔沉、内空透、知觉灵。

一 、松柔沉

太极拳最大的秘密是“松”。太极拳最难的是对“松”的领悟。练太极拳一辈子就是练“松”一辈子。

所有的武术都离不开“松”。

身体放“松”：全身放松，可以用全身的能量来接受对方的力量，使对方的力量无从着手。

身体“紧”张：如果全身紧张，握紧拳头，那么接受对方的力量是一个点，很难抵挡对方的进攻。

太极拳的松，是周身内外之松开，是在意念的虚领下全身关节松开、全身筋骨松开，无丝毫死硬僵固之意。松是指锻炼者一个无限追求的过程。松而不散，松而不乱，松而不丢。松中有精神，松中有气势，松中有能量（精、气、神）。

在“松开”的基础上，还要轻得好，通过内在意识统领，使整体协调一致，便可产生“柔”劲。在松柔的基础上还要沉得好，把放松的身体内部气血一直沉到脚底，在沉的状态下，人体才能爆发出惊人的能量。

第一，要明白“松”的含义。

有关太极拳的“松”，杨澄甫老师说：“要松，要松，要松净，全身心松开，不松就是挨打的架子。”“松，要全身筋骨松开，不可有丝毫紧张，所谓柔腰百折若无骨，只要筋能松开，其余尚有不松之理乎！”

杨澄甫老师在短短的两句话中反复三次强调“松开”，可见对于“松开”二字，读者需要引起高度重视。

此外，尚需注意心态的放松。因为人只有在心态放松的情况下，才能取得最佳成果。任何心态上的懈怠或急躁，都将带来不良结果。什么是最佳心态呢？答案是越清静无念越好。把目标瞄准在你想要的理想境界、理想人际关系和理想生活，等等东西上，然后放松心态，精进努力，做你该做的，不要老惦记着这些东西什么时候到来，而这些东西的到来有时候能快到令你吃惊；相反，如果你对结果越期待，你就越不能得到理想的结果，甚至会得到相反的结果。

《庄子》中有名句曰：“圣人无待。”

值得注意的还有：所谓的无念并不是心里一个念头也没有，而是有念头但不驻留，“无所住而生其心”。

具体而言，为了达到松的状态，需要做到如下几点。

（1）心态、情绪、意念，处于无所挂碍的状态，人体的神态、神经，乃至于人的肌体，彻底松开后才会进入到一个相对轻松的状态，容易达到“松柔沉”的境界。

（2）通过放松、舒展人体所有关节的肌腱、韧带、软组织，达到源源不断、持之以恒、环环相扣的“松沉”，是人体“松”的根本方法。

（3）人体任何一个部位的“松开”，都是在人体自身内部产生能量的作用下，通过绵绵不断的“松柔沉”，久而久之才能使人体肌体摆脱僵硬、呆板，渐渐变得柔韧、轻灵、富有弹性而真正达到太极拳特有的“松”。

第二，掌握“松”的训练方法。

（1）太极拳演练时，起势充分宁静，全身心忘乎所以的舒展、静心，排除杂念的中定，至关重要。全身心完全放松的境界，达到周身一体、自然而然引发肌体内部能量的缓缓流畅，产生富于弹性的劲。在人的肌体内，进行永无止境的“松柔沉”。

（2）训练“松开”就是需要无数次、反反复复潜心摸索“虚实”转换，达到周身一体，领悟太极拳任何一个动作的分解过程。从中细细琢磨人体内在的气息与肌体，跟意念是如何天衣无缝地融入在一起，导致人体各个部位，真正形成“松柔沉”，达到“松”。

（3）向明理的太极拳教师学习太极拳推手。通过手把手的言传身教，可以在较短的时间内，真正掌握太极拳的“松沉”之道，达到太极拳真正“松”的最佳境界。

第三，检验太极拳的“松”。

太极拳的“松开”，是练太极拳真正的本事。

（1）看打太极拳者的拳架，或者看人推手：凡是重手重脚，软手软脚；步子双重，或者挺胸翘臀的，肯定不懂太极拳的“松沉”，那就谈不上太极拳的“松”了。

（2）如果锻炼太极拳者卑躬屈膝，轻手轻脚；打拳轻而飘浮，颇有几分韵味；推手时，似乎可以，轻易避实求虚，化走自如，可是，松而无劲、松而无沉、轻而不粘，还是不懂太极拳的“松”。

（3）刚柔兼顾，粘而不顶，弃而不丢，“松”而不软；韧而不僵；松沉、轻灵；变幻莫测；得心应手；松而不丢，外松内韧才是太极拳松的真谛！

所以在我们的日常生活中，要深刻体会到处理不好任何事情的关键是我们不够放松，真正放松的心情才是真正的功夫。

二、内空透

太极拳真义《授秘歌》：“无形无象，全身透空。应物自然，西山悬磬。虎吼猿鸣，泉清水净。翻江播海，尽性立命。”这几句太极真言说的就是太极拳内涵的功夫境界。

“无形无象，全身透空”和“外练筋骨皮，内练一口气”，笔者认为这两句话就是指我们平时太极拳锻炼要达到身体内部空透，做到身空、心空、内外空，具体体现在呼吸从上一直呼到脚底涌泉穴，做到“空而不空”，才是锻炼太极拳的关键。

如下图为例：红色箭头表示肩和前胸承受对方力量的部位。内空透就是能让对方的力量在我方不动身体的情况下，我方的内气下沉到腰部，再继续沉到脚底涌泉穴，而对方力量还在我方的肩、胸部。但要做到内空透，必须要有一定的锻炼方法和持之以恒的精神。

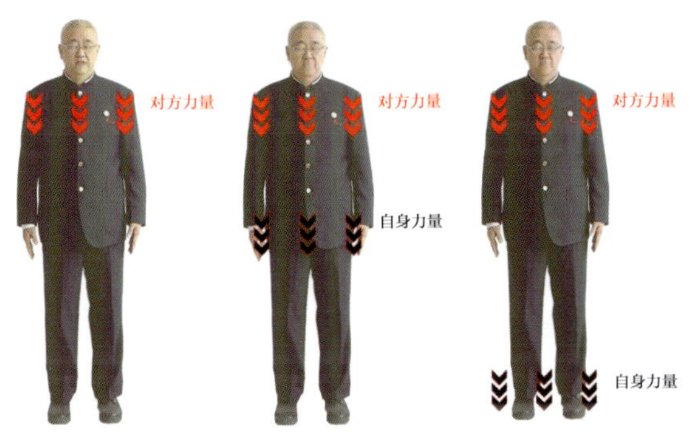

红色箭头代表对方力量 黑色箭头代表我方的内劲放松下沉到脚底涌泉穴

三、知觉灵

知觉灵功夫是在松柔沉、内空透功夫基础上进阶而至的第三个层次，实际是“听劲”和“懂劲”的层次。在“松”“空”的基础上，还要“灵”得好，通过内在意识统领，使整体协调一致，才能使人体借助宇宙大自然的炁产生惊人的能量。

需要通过老师的口授身传，悉心训练，才能进入太极拳中的知觉灵的功夫。

当内劲达到高深境界后，体内空透，身体精气神饱满，知觉高度灵敏，才能达到阴阳相济，形体、意念、气势融为一体，不用走化即可用内功发人。

太极拳讲究天人合一、形神合一，太极拳的动静结合，动中求静，以静御动和虽动犹静，使太极拳更符合运动适度的健身原则；同时太极拳独特的心静用意，使心更易入静，护卫“元神”正常发挥其调控人体身心健康的功能，结合做到“松柔沉、内空透、知觉灵”这三个层次，太极拳锻炼者就会对太极拳产生无穷尽的喜欢和追求，颐养性情，强身健体，不亦乐乎！

太极拳要领锻炼的感悟

光復认为学习太极拳，练哪一派的拳架都不是最重要的。陈式、杨式、孙式、吴式、武式这些流传至今的主要太极拳流派，还有许多名不见经传的小门小派，他们的拳架都不同程度地富含太极拳精髓。无论哪一派的拳架，能真正学好一套，对求索太极拳真意的人而言已经足够了，重要的是要能遇上一个好的老师。

练太极拳是为了“好用”还是“好看”？前提是必须要符合太极拳的拳理，千万不要为了追求“好看”而脱离太极拳的原则。

严格来说，学架子是基础阶段，而且是非常重要的基础阶段。这个阶段的首要任务是学规矩，所谓没有规矩不成方圆，讲的就是这个阶段的重要性。

学拳五部曲

1. 学架子

学架子，当先学外形，而且必须要在外形的规范和姿势的准确上下功夫。

一套传统太极拳拳架，各流派的招式多少不等，但都不外乎“掤、捋、挤、按、採、挒、肘、靠、进、退、顾、盼、定”这十三势。太极十三势尽管作用外形各不相同，一些基本要求却是必须共同遵循的。

以“身体中正”为例。

太极拳之所以要求“身体中正”，是因为唯有中正，在外形上才符合力学原理，通过训练进而达到“支撑八面”的境界；在内则利于气血有效地均衡运动。

“身体中正”是所有流派太极拳对习练本门拳架的基本要求，但要做到这一点却并非易事。只要稍加留意，我们就不难看到，如今在习练太极拳的人群中，有很多太极拳习练者打拳时或前俯后仰、左右歪斜，或昂首、挺胸、凸臀，或低头、弯腰、驼背，相距太极拳本意何止十万八千里。

太极拳的学架子阶段，主要是从外形上调整人体的身架结构，使之趋近周身完整的要求。简而言之，人体是由头项、躯干、四肢等几大部分组成。这几大部分的动作以及动作之间如何协调，就是这一阶段的主要学习内容。

为了能使周身完整，不同流派有各自不同的训练方法以及必须严格遵守的规矩。一些经典的太极拳论，早已将这些规矩阐述得十分透彻。所以，学员在这一阶段的学习中，应该像小学生初学书法一样，一笔一画，横平竖直，规规矩矩。要式式知规矩，式式守规矩，不允许自我发挥甚至创新。唯如此，方有可能在学练太极拳的道路上继续前行。

在学习拳架的过程中，老师应该针对学员的不同情况，有意识地反复强调意念、气势和肢体三者的统一，缺一不可，灌输太极拳的基本要领；而学员也应该有意识地将太极拳的基本要领贯穿整个学练过程，这样才可能最终凝成一个基本正确的拳架。

在实际的学练过程中，任何一个人都不可能将动作一步到位地做得没有缺陷，总会或多或少地有这样那样的错误姿势。很多时候，习练者对自身的这些缺陷不仅缺乏认识，更有甚者还自以为正确，感觉良好。这就需要改架子，也就是改正错误的锻炼方法、错误的认识和错误的姿势，使拳架逐步趋于正确，合乎拳理。

2. 改架子

改架子与学架子是一个相互交叉的过程，尤其是改架子，更是一个长期的过程。这是一个练功自律的相持阶段，很少有改一遍拳架就能定型的。历史上，一些太极拳大师一生都在改拳架，他们青年、中年、老年不同时期的拳架都有变化。而拳架最终定型，往往都是在中老年阶段。例如，杨澄甫先生后期的拳架较早期有明显的不同，而后期定型的拳架充分体现出杨氏太极拳舒展大方、立身中正、浑厚圆满的风格。正是这种变化，不断完善着传统太极拳，使之渐趋尽善尽美。

改架子的标准，不同流派有不同的要求，但基本要求大同小异。

依然以“立身中正”为例。

在学架子阶段，我们要求的是在意念的指挥下一招一式的中正。到改架子的时候，随着所学动作招式的逐步增多，动作之间的转换势成必然。而正是在这必然的动作转换之间，最容易丢失“立身中正”的规矩，造成姿势错误，并由此产生一系列的失误。如果不能及时纠正，一旦习惯成自然，则将导致习练者最终偏离太极拳的本意。

在初学拳架外形的阶段，不同老师的教学方法也是不同的。有的老师从起势开始，每天教几招，三两周便能教完一套拳，待学员基本熟悉了所学的套路后，再纠正学员拳架中不合拳理的错误姿势，俗称改架子。这种教学方法看似比较快，但弊病较多。尤其是习练传统套路，一些习惯动作一旦定型，改起来是很困难的。业内一直有学拳容易改拳难的说法，正是历代前辈在教学太极拳过程中经验教训的总结。现在有些人一个月学一套太极拳，两个月学一套太极剑，到第三个月连刀也学会了，接下来便去当老师教别人。这样的学习方法，光復实在不敢恭维。如此不仅不可能学到一点太极拳真谛，也愧对中华传统武术。

3. 练架子

练架子就是打拳。“拳打万遍，神明自理”。当你的拳架在训练过程中不断调整、逐步规范后，在行拳的过程中，你会慢慢体会到一种流畅顺遂的感觉，也就是我们常说的“周身一家”。此时，你的一举一动

应该已经基本守住太极拳的规矩了。

练架子是一个继续明拳理、熟练身法的阶段，是“由着熟而渐悟懂劲”的阶段。这个阶段的习练，我们依然提倡要慢不要快。因为只有慢，才有可能静下心来感悟身体外在结构和内在气息的变化。学员应该在恪守太极拳基本要求的同时，全身心地投入，时时刻刻按照拳架的变化规律去细心体会每一个动作是否正确，是否到位。发现不合拳理处，应立即改正。这样的要求，看似严格，进度也相对较慢，但却是习练太极拳的必由之路。否则，欲速则不达。

整套拳架的折叠转换、连贯协调，是这个阶段习练的主要内容之一。精神集中，在这个阶段显得尤为重要。如果像童话故事中的小猫钓鱼那样三心二意，精神不集中，拳打得再多也没用，甚至有可能拳打得越多，离太极拳本意越远，如同缘木求鱼，差之毫厘，谬之千里。

这个阶段习练的另一个主要内容是，由外及内，炼意养气。

拳架练到规范熟练之后，应逐步转入以炼意养气为主的“内形”练习，也就是拳势动作和内气流转贯注都要用意来指导。

4. 用架子

用架子的过程就是平时我们常说的考试，就是检验太极拳锻炼者平时练习太极拳的每一个动作是否符合《太极拳论》中所要求的“四两拨千斤”“用意不用力”“观耄耋能御众之形，快何能为”。如果做不到，说明还要继续投师访友，继续深造分析自己锻炼太极拳过程中存在的问题。

一般来说，随着日复一日地学架子、改架子、练架子、用架子，同时伴随着习练者对太极拳理解、感悟的加深，这时便有可能开始逐步进入无架子阶段。

5. 无架子

无架子是功夫上乘的一种表现。这一阶段，是前四个阶段的综合体现。到达这个阶段的人，已不必再在如何掌握拳架、走顺拳架，如何进攻、防守以及手法、身法、意识等问题上下功夫了。一切与太极拳相关的要求，无论是外部的还是内部的，所有的规矩都已经成为自己的习惯，甚至是潜意识的本能动作。这时，对习练者而言已了无困惑，更多的是享受，是在一种心旷神怡的忘我境界中体会太极神妙的过程。

到了无架子的阶段，依然还是要坚持习练太极拳。只不过这时的习练已不再是最初的时时势势依规矩的练，而是一种高层次的学规矩、合规矩、离开规矩还要守规矩的习练。在这个阶段上的习练者，内固精神，外示安逸，拳无定向，身心相随。所谓“拳无拳，意无意，无意之中是真意”，道法自然是也。

老拳谱“练功一日，技精一日”“功弥久而技弥精亦”，说的是技术层面上的情形。太极拳是一项综合性的系统工程，无架子阶段，不仅包括了对拳术中的基本功、拳架、推手的习练，还必须包括对《太极拳论》的研究，甚至要旁及自然科学、人文历史，这也就是我们所说的“功夫在拳外”。任何一个传统太极拳术的爱好者，想要在习练太极拳的这条艰辛道路上走得更远更高，必须德艺双修。

身处无架子阶段的太极拳习练者，自能体会到拳艺的学无止境。但同样身处无架子阶段、同样对太极拳孜孜以求永不满足的人，相互间也还是有差别的。这里面最大的差别便是匠、师之分。前者循规蹈矩，尽管也能将太极拳从理论到实践演绎得尽量完美，终究还是缺乏某种轻灵生动类似太极灵魂的东西；而后者则具备。这种所谓的太极灵魂，更多的是由习拳者本身的人格魅力所构成。

如同金无足赤、人无完人一样，太极拳也有所谓的“弊病”。由于太极拳的博大精深，无论是理论还是实践，涉及学科门类甚多，因此在某种程度上往往容易令习练者迷失其中。而一些综合素质偏低者，常会如同瞎子摸象一般，学得三招两式便沾沾自喜，以为窥得全豹，殊不知自己所得只是冰山一角，距离太极拳真谛尚远。想学得一点真太极拳的人，务必放平心态，不要期望太高，由养生健身入门，进而渐趋修身养性之境。一个太极拳爱好者，倘若能在平淡的生活中时时体会到“百姓日用而不知”的阴阳太极含义，并将之与日常所习练的太极拳融会贯通，犹如一生一世一太极，相信较之一些只顾打拳不知用脑的习练者会有更大的收获。

练拳七要领

在学习拳架的过程中，老师应该针对学员的不同情况，有意识地反复强调、灌输太极拳的基本要领，而学员也应该有意识地将太极拳的基本要领贯穿整个学练过程，这样才可能最终凝成一个基本正确的拳架。

武当叶氏太极拳锻炼的基本要领与各派太极拳大同小异，以下是光復对太极拳锻炼要领的一点认识和体会。

一、虚领顶劲与气沉丹田二者不可分开

领：提起，领其全身精气神。精神领起，可令全身不偏不倚；精气神不领，则气塌无神。

虚领：意念轻轻向上一想，想至百会穴（切记是虚领，而不是实领）。虚即是松，即是空。实领，则气皆在上，容易足底不稳，头重脚轻。

顶劲：意念上顶百会穴，若有意若无意。行拳全靠顶劲，顶劲领好，全身精气神为之饱满，且自始至终决不可丢失。顶劲一失，则无精气神，故顶劲必须领起，此为周身纲领。

劲往上领，气则向下沉入丹田，而此丹田是在脚下涌泉，意念要使两者向相反方向对拉，使身体有放长的感觉。

二、含胸拔背与沉肩坠肘

含胸拔背是一个较难做正确的动作。许多人将含胸拔背理解为两个动作，将含胸误以为凹胸，而导致拔背成为驼背。

含胸的要求是将胸部向左右松开下沉，背部大椎穴轻轻向后上方领起，形成内部气贴背，外部使脊柱拔长，有节节拉开之意。胸部放松，平心静气，意念系两肩两臂，可化可发。

沉肩，即肩部下沉，意念使肩、肘、腰三者接牢。如此，方能使臂生根。

垂肘，即肘尖有下坠之意。当手臂以肘尖为中心做螺旋式运动时，可使肘与肩之间的距离放长。

垂肘与坐腕又可使肘与腕之间的距离放长。坐腕有利于劲送达手指。

因此，沉肩、垂肘及坐腕是整个手臂放长（劲放长）的关键。

三、立身中正与形松意紧

古人云："缩头弯腰，拳艺不高。"

太极十三势，中定是关键。尾闾往里微收，意想尾骨向前托起丹田，即立身中正，也即中定。如此，可使百会、大椎、会阴；肩井、委中、涌泉三穴成一线，以利内气发动，这在技击和养生方面均有很强的作用，也是练功要诀之一。

练拳时，要求全身每块肌肉、每个关节都要放松松开，而意念则要紧随每一个动作运转，即所谓形松意紧。

形松与意紧的重要性是同等的，不可松有余而紧不足，或紧有余而松不足。其实这就是虚实分明。

四、松胯松腰与虚实分清

拳论云：有不得机、不得势处，其病必在于腰腿。腰腿之间的连接点是胯，因此可以理解为，有不得机、不得势处，其病必在于胯。

拧腰时两胯宜扣住，塌腰时胯要合，转腰时胯要松开，动作有开合，胯也要有开合。

松胯松腰，内气才易畅通。胯不收，腹部和臀部自然会向外凸，影响身体中正垂直。唯松胯松腰，身体转换才能灵活。

左右两腰与左右两胯的配合，又是变幻虚实的枢纽，习拳者必须明白这个拳理，才能练好太极拳。

虚实分清是一个整体，必须要充分理解和掌握。

虚，非无力，内中要有腾挪。欲动而未动之势，谓之腾挪。

实，非占煞，内中要贯注精神，有上提之意。切记两足任何时候都不要全然占煞。

分清虚实，周身旋转方能轻灵。

五、舌抵上腭

练拳时须舌尖轻抵上腭，呼吸深长细匀，头脑始终保持清醒。

舌尖轻抵上腭，津液会逐渐增多，此即所谓“金津玉液”。津液中含有大量人体必需的消化酶、溶菌酶、唾液淀粉酶、免疫球蛋白等唾液腺激素，随时吞咽，有助于身体健康，练拳时也不易口干舌燥。

六、松、沉、灵

习练太极拳必须要做到体松、气沉、神灵。

1. 体松

松是学练太极拳的第一步功夫,要求全身肌肉不用力,关节节节松开。

初学太极拳，欲使身体血脉流通关节，肌肉必须要松且柔。如身体不能放松，则出来的力是硬的，谓之拙力。拙力虽大，只是一部分力，而身体松柔可产生一种柔劲，并可使这种柔劲下沉到足底，是身体整体力量训练的重要方法。

2. 气沉

沉是学练太极拳的第二步功夫。沉不是气沉到底固定不动，气沉必须是气不散漫，做到意气上下运行，气不散漫，动作方能不散，周身才能一体。

要使气沉，须将气沉至脚底，不浮在上面。要注意气沉丹田与深呼吸有所不同，胸虚腹实为气在中丹田。气沉到脚底身体便有重心在下的感觉，无论手足如何动作，重心总在脚底，则身自稳。气沉但必须意活，意活则周身轻灵。

3. 神灵

灵是学练太极拳的第三步功夫。要求用意念将身体内外相合。太极拳锻炼的基本原则就是要求做到松沉灵，才能形断气随，气断势连，势断意达。听之至细，动之至微，引之至长，发之至骤。

七、折叠

武当叶氏太极拳在拳架锻炼过程中有一个非常重要的要求：形体和意念结合训练的折叠动作。其折叠习练要领始终统领于整个行拳过程。它是在形和意的基础上对旋转和贯穿的综合运用。

旋转是训练内气的缠绕运行，由内带外，内外相合，上下相随，最终达到一动无有不动，而这种动又不为对方所知。一经受力，便能自然旋转化解，令对方的外力找不到感觉。

贯穿，是以意念统领形体放松和旋转为基础，首先自身要能做到节节贯穿。意、气、势的节节贯穿，也就是拳论说的“行气如九曲珠，无微不至”，（但在做节节贯穿过程中，千万注意绝对不能摇摆摇动身体）形成整体之劲，然后用意念贯穿到对方。因为只有贯穿到对方，才能将对方的运动纳入自己的太极圈内，从而获得“牵动四两拨千斤”的效果。

发劲要用阴面劲，要从骨髓里发出的劲，这才是阴面劲。手臂的外部不能有劲，否则就硬，就是走阳面。发劲在接触身体之前劲就发出，如果等碰到对方身体再发劲，为时已晚，作用就不明显。

太极拳锻炼要做到精气神饱满，八面有劲，行拳必须要做到折叠。在习拳中要时时注意拳论中提到：有上即有下，有前即有后，有左即有右。如意欲向上，则先寓意下，意欲向下，则先寓意上。前后左右，皆是如此。

当放松、旋转、折叠水到渠成之时，内劲与腰椎左右旋转配合，可使意气由内而外、由里及表，渐次向上下左右旋绕，势如激流漩涡。若浑身内外开合折叠，上下运动折叠变换，行拳则有望体会到由始至终用意不用力，上下相随，绵绵不断，周而复始，循环无穷的意境。而结合在太极拳推手技击过程中，则可以借用宇宙自然界的无极之炁，产生气势磅礴的效果。

略论太极拳普及和提高

一、太极拳进入蓬勃发展的时代

太极拳，国家级非物质文化遗产，是以中国传统儒、道哲学中的阴阳辩证理念为核心思想，集修身养性、强身健体、技击对抗等多种功能为一体，结合阴阳五行八卦理论，中医经络学，古代的导引吐纳术形成的一种内外兼修、以内为主的传统拳术。拳医相通，拳易相合，拳道合一，这都是实实在在的功夫，然并不是所有人都能练到这一层次。

太极拳之博大能为几乎所有的人提供宽广的活动空间，无论是竞赛、娱乐，还是健身、养生。

太极拳之精深又是在技击、止戈为武，以及修身养性方面，为那些有志于“上武得道”的人提供了更为广阔的修行空间。

改革开放和中华民族的伟大复兴事业也给太极拳的全面发展带来了难得的发展机遇，使之进入推广普及期。党的“十八大”后，全民健身理念逐渐深入人心，太极拳运动更是蓬勃发展，不仅国内演练太极拳之风盛行，太极拳大师们还走出国门，将太极拳这一国之瑰宝传播海外。

二、目前太极拳普及后需要继续提高的问题

1. 太极拳老师素质有待提升

中国传统武术，有“上武得道，平天下；中武入喆，安身心；下武

精技，防侵害”之说，历来都不乏普及与提高之争。而这一切，均与社会的安定与否息息相关。而今天被视为国宝、习练人群最广的太极拳，自古以来就有如下主要功能——防身、自卫、搏击和对中国传统文化中阴阳、太极、道等概念的体证。随着社会的发展，强身健体、修身养性的偏重，使得这种矛盾状况更为突出。虽然攻防格斗和中国传统文化一直是太极拳的基本特征，但在群众体育活动开展的背景下，随着简化太极拳及各种竞赛套路的普及发展，逐渐使太极拳演变成了竞赛、娱乐、健身、防病的太极拳操；而太极拳攻防格斗和归元合道的功能则日益不显。单就太极拳本身而言，可以说是普及有余，提高不足，使得太极拳面临发展失衡的境地。

锻炼太极拳有无内涵是锻炼太极拳的一个衡量标准，在传承太极拳文化当中发挥至关重要的作用。修炼太极拳如果不从“精、气、神”着手，不把 “精、气、神”练上身，那将永远是门外汉。

前辈宗师早就指出：“太极拳不在样式而在气势。”太极拳锻炼者真正有内在功夫的才能打出气势、势能来。由外而内、由内往外，有如长江大河滔滔不绝，是一种气势磅礴的功夫。作为一名太极拳老师需要高度重视，千万不要愧对国宝——太极拳。

2. 太极拳爱好者须“学拳先明理”

爱好太极拳的学员们需要注意，选好老师非常重要。目前社会上有很大一部分的太极拳老师对太极拳没有经过系统的学习和培训，跟着师傅或自学几年，甚至连太极拳基本知识是什么都没搞清楚就开馆收徒。这是亟待太极拳爱好者们引起高度重视的问题！太极拳爱好者们要明白：习拳最贵明理。不然一腔热诚错拜一些自称太极拳高人、其实自己对太极拳什么都不懂的无知之辈为师，那就太可惜了。

首先，拜师学艺先要了解老师的人品。如人品有问题，不论他宣称功夫有多高，尽快离开。因为德为道之用，德行不具足的人，是不可能打好太极的。

其次，还要了解老师对太极拳理解的程度如何，是否真正掌握了太

极拳内涵。

再次，学员自身对太极拳的认识如何。要充分认识“太极十年不出门”的忠告，要静下心来学习太极拳，智慧的高低、心态的好坏决定你的成就。

3. 政府有关职能部门和各地武术协会的工作需要与时俱进

目前社会上最缺的是真正懂太极拳的老师，有关部门应通过走出去和请进来的方法，加强对太极拳老师的培训与管理，建议对太极拳教练员有一个准入门槛，为健身、养生、习武等各层次的人民群众太极拳学习需求打好基础，做好师资力量队伍的准备工作。

推广太极拳会面临很多问题，比如一提到太极拳，首先给人的印象就是它可以强身健体，但对真正的太极拳内涵了解太少。现在还有一种惯性思维，认为太极拳是公园里的老头老太才练。其实太极拳不仅仅是广场上的老年人健身锻炼之用，更是对广大青少年完美人格的建立有着非常独到的好处，特别是对年轻人身心健康锻炼有着无可替代的作用。

三、正本清源和发展太极拳

太极拳需要普及，但更需要提高。普及可以使喜欢参与竞赛、表演、健身的群众从中获益，社会也会因此更加安定、和谐；但太极拳没有提高便不可能发展。毕竟以太极命名的运动锻炼与其他体育运动项目有着本质的区别。

太极拳究竟该如何提高，也是争论较多、见仁见智的问题。大家公认太极拳博大精深，但既然承认就要用心去研究，学而要思、要练、更要体悟，要用太极的道理、用太极的思维来学太极拳。

笔者以为：由于太极拳以武术的形式，汇集了几乎所有中国优秀传统文化的精髓（无论是日本的空手道、韩国的跆拳道，还是印度的瑜伽，都无法与我们的太极拳相比），所以真正要想学习太极拳、练好太极拳的爱好者，必须要了解和掌握太极拳的核心——中国传统文化，不仅仅是一种肢体运动。

中国传统太极拳，又是一门制止侵袭的高度自保技术，是以武术来停止争斗，而不是发起争斗。但要做到这一点，是要经过长期严格、艰苦训练，真正达到成为太极拳的最终目的——内止懦、外止暴，进而以武入道。太极拳的提高，有赖于那些有志于传承传统武术，对太极拳发自内心地喜爱，有正确清醒的认识，且不为名利、耐得住寂寞的有志之士。

太极拳的普及和提高，对于弘扬中国传统文化、提高人类生活质量、弘扬民族传统美德、增强新时代社会凝聚力、构建新时代和谐社会等都具有十分重要的意义，是构成中华民族威武不屈之魄的重要组成部分。

跋

《武当叶氏太极拳》编撰出版，使武当叶氏太极拳这一文化遗产得以更好地传承光大。是十分有意义的，也是我一直以来的心愿。

2019 元旦节夜，《武当叶氏太极拳》书稿及图片资料终于成形。我步出庭院，打了趟太极十三势。看穹苍深邃，月色如水，不由思绪驰骋，叹时光如梭。“子在川上曰，逝者如斯夫。”

所幸自幼习武，至爱太极，且遇明师指点，使光復未虚度光阴。想我练武至今五十多个春秋，练太极拳四十年，初心不改，经年揣摩训练，终于近年心中渐渐明白晓畅，唯此更感中华传统武术之伟大、太极之宝贵，更觉先辈拳师之可敬仰。

仰望灿烂星汉，叶大密前辈若出其里。叶老先生何等天资聪颖，慧根深厚，他集众家之长，创立武当叶氏太极拳，我辈得以学习传承。今将叶老先生所创拳种并诸师所授、个人所悟凝成文字，呈献社会，幸甚至哉。

马振宗老师、何基洪老师、蔡松芳老师对我数十载悉心栽培，使我得以成长且传承有序，不敢言光大太极，但求不辱师门。光復在此叩谢师恩。

今邀叶老先生之子叶绍东先生、师父何基洪老师共同完成此书，愿武当叶氏太极拳因本书而流传于世，为更多太极拳爱好者提供进入太极玄妙境界之有效路径。

本书得到叶家及武当叶氏太极拳老师和师兄弟们的鼎力支持，特别是温州市武术协会会长、温州市叶氏太极拳研究会会长李志荣先生的大力支持。得到北京科学技术出版社王跃平主任、常学刚老师及《武魂·太

极》杂志执行主编赵江峰等大力支持，他们三次亲赴嘉兴约稿，鼓励我完成书稿编撰。在此一并表示谢忱。

最后，特别向现年 96 岁金琳太师母感恩致谢。她对武当叶氏太极拳的深厚感情和对我的信任与厚爱，激励我奋力前行。感谢董爱昕、刘晓、王珩、悦范为我整理书稿笔记照相，同时感恩祖辈的谆谆教诲，感谢家人的理解和默默支持。

蔡光復

己亥春

20 世纪 80 年代，
蔡光復全家福

题词

至柔

為叶派太极拳一書題

蔡龍雲

1986 年，全国武术学术交流，蔡光復与中国武术界泰斗蔡龙云教授在北京

蔡龙云，山东济宁人。

武林泰斗，著名技击家，中国武术九段。

15 岁与外国人打擂台，打败了西洋拳击界名手、俄籍拳师马索洛夫，由此轰动大上海，成了家喻户晓的人物。因为小名叫“大龙”，从此便在武术界享有“神拳大龙”的称号。

曾任上海华联同乐会体育部武术教练。新中国成立后，历任上海武术界联谊会常务执行委员，中央体育学院竞技指导科武术队政治辅导员，上海体育学院武术教研室主任、教授，中国武术协会副主席，国家级武术裁判员。

極松極柔

与蔡光复老师共勉　吴彬题

2018 年，蔡光復和吴彬老师

吴彬，1937 年生于浙江湖州。

北京人文大学武学院院长，原国际武术联合会技术委员会主任，亚洲武术联合会技术委员会主任，中国武术协会副主席，北京武术院院长，北京武术队首任总教练，荣膺中国武术最高段位——九段。现任中国武术协会副主席，北京武术协会常务副主席，国家级武术教练，北京人文大学武学院院长，亚洲武术联合会技术委员会主任，国际武术联合会技术委员会副主任。

李志荣题字

李志荣，浙江温州人。

浙江省武术协会副主席、温州市武术协会主席、温州开元集团常务副董事长，上海武当叶氏太极拳名师徐毓歧先生的关门弟子。

光復先生，
迴旋內蘊，敌攻而復，
為宏揚太極而努力！
金庸
二〇〇九 三、六

蔡光復在金庸先生的香港书房

金庸，原名查良镛。

当代知名武侠小说作家，新闻学家，企业家，政治评论家，社会活动家，“香港四大才子”之一。

金庸出自浙江海宁查氏，其家为书香门第，世居海宁市袁花镇。金庸本人是查升之孙查揆的后裔，出生于农历甲子年二月初六（1924 年 3 月 10 日）。1929 年 5 月入读家乡海宁县袁花镇小学。1936 年入嘉兴一中读初中，离开家乡。1948 年移居香港。

2005 年，
蔡光復与蔡龙云老师

2003 年，
蔡光復与金仁霖老师在嘉兴瓶山公园

2002 年，
蔡光復与何基洪
老师在黄山

2003 年，
蔡光復与蔡松芳老师

2003 年，
温州武术协会李志荣师兄来嘉兴相聚

1987 年中秋节，
蔡光復与师父、著名武术家周荣江先生

1988 年元月，
蔡光復与师父马振宗先生在马家花园

2019 年春节，蔡光復、赫伯特·克里斯教授与金琳及家人合影

2015 年 5 月 5 日，蔡光復和学生们在嘉兴梅湾街公园

2016 年，蔡光復夫妇与蔡松芳、全关良、霍震寰等名家合影